Estudos Aplicados
de Direito Empresarial

Estudos Aplicados de Direito Empresarial

LL.C. EM DIREITO EMPRESARIAL

2017

Coordenação:
Pamela Romeu Roque

ESTUDOS APLICADOS DE DIREITO EMPRESARIAL
LL.C. EM DIREITO EMPRESARIAL
© Almedina, 2017

COORDENAÇÃO: Pamela Romeu Roque
DIAGRAMAÇÃO: Almedina
DESIGN DE CAPA: FBA
ISBN: 978-858-49-3257-3

Dados Internacionais de Catalogação na Publicação (CIP)
(Câmara Brasileira do Livro, SP, Brasil)

Estudos aplicados de direito empresarial : LL.C.
em direito empresarial / coordenação Pamela
Romeu Roque. -- São Paulo : Almedina, 2017.

Vários autores.
Bibliografia.
ISBN 978-85-8493-257-3

1. Direito empresarial 2. Direito empresarial -
Brasil I. Roque, Pamela Romeu.

17-10201   CDU-34:338(81)

Índices para catálogo sistemático:
1. Brasil : Direito empresarial 34:338(81)

Este livro segue as regras do novo Acordo Ortográfico da Língua Portuguesa (1990).

Todos os direitos reservados. Nenhuma parte deste livro, protegido por copyright, pode ser reproduzida, armazenada ou transmitida de alguma forma ou por algum meio, seja eletrônico ou mecânico, inclusive fotocópia, gravação ou qualquer sistema de armazenagem de informações, sem a permissão expressa e por escrito da editora.

Novembro, 2017

EDITORA: Almedina Brasil
Rua José Maria Lisboa, 860, Conj.131 e 132, CEP: 01423-001 São Paulo | Brasil
editora@almedina.com.br
www.almedina.com.br

APRESENTAÇÃO

O advogado empresarial contemporâneo encara o desafio constante de alinhamento da sua atuação com os novos cenários institucionais. Tal implica que a sua atividade, para manter-se eficiente e ser valorizada, não pode mais ser desconectada com o ambiente corporativo globalizado. Como defendemos no Insper Direito, não basta conhecer a legislação correlata à atividade do seu cliente, é necessário que o advogado se integre à realidade da atividade desenvolvida pela empresa representada. Seja no contencioso, na engenharia contratual, na resposta de consultas ou na assessoria de negócios, deve o advogado calibrar a sua atuação, sopesando quais pontos poderão gerar repercussão, sem perder de vista os aspectos contábeis, econômicos, financeiros, de governança..., que possuem relação com o seu posicionamento jurídico.

Os cinco artigos que temos a honra de apresentar, refletem este novo patamar de atuação do profissional do Direito. Os artigos, fruto de rigorosa seleção da Professora Pamela Romeu Roque, a quem parabenizamos, correspondem aos artigos com melhor avaliação do curso de LLC em Direito Empresarial, e que agora são gentilmente compartilhados à leitura de todos.

Alexis Simão Megalomatidis abre a obra com o instigante tema "Domínio do fato: A suposta extensão do conceito de autor". O trabalho analisa as bases teóricas idealizadas por

Hans Welzel e Claus Roxin, demonstrando que suas concepções tendem a um conceito restritivo de Autoria em matéria penal. No trabalho ainda é delineado um histórico sobre a corrupção, seguido da análise dos sistemas de responsabilização penal existentes no direito brasileiro segundo o enfoque do Domínio do Fato. O autor – agregando ainda mais valor à obra – faz o devido contraponto da questão com os deveres legais dos administradores de sociedade, verificando em qual medida os administradores podem submeter-se à imputação penal por ato corruptivo, sob a ótica da conduta, culpa e resultado.

Em seu estudo sobre o "Enquadramento das sociedades de propósito específico (SPE) com patrimônio de afetação na recuperação judicial de incorporadora imobiliária", Aline da Silva Gomes explica que a omissão legislativa sobre o tratamento do patrimônio de afetação no procedimento de recuperação judicial trouxe ao cenário judicial atual o questionamento sobre a possibilidade de consolidação substancial e processual das SPEs com patrimônio de afetação no procedimento recuperacional, tendo sido analisado a possibilidade das seguintes estruturas: "(i) realizar uma recuperação judicial para cada sociedade de propósito específico, uma vez que possuem patrimônio de afetação e credores próprios que não podem ser confundidos com outras companhias dentro do mesmo grupo econômico; (ii) não incluir as SPEs com patrimônio de afetação no procedimento recuperacional, cabendo aos credores executarem o patrimônio de afetação na forma da legislação específica; ou (iii) incluir no polo ativo do pedido de recuperação judicial da incorporadora todos os credores, entendendo-se tratar de um grupo econômico, consubstancial e processualmente constituído. Detalha que qualquer que seja o caminho processual escolhido, o foco sempre será a preservação da empresa, a fim de que siga a gerar a distribuição de riquezas, a manutenção de empregos e o recolhimento de impostos. Seu trabalho envolveu a análise do caso vivenciado pelo "Grupo Viver", uma das primeiras grandes incorporadoras a se socorrer da recuperação judicial. Destaca a autora a importância da análise da casuística para se questionar a omissão legislativa sobre o enquadramento das Sociedades de Propósito Específico, com patrimônio de afetação, no pedido de recuperação judicial, tema este atualmente enfrentado por diversas cortes brasileiras.

Andrea Pereira aborda em seu texto a atual questão da "Estabilização da tutela antecipada pré-arbitral". Seu artigo estuda a possibilidade de estabilização da tutela antecipada – mecanismo processual das tutelas de urgência trazido pelo Novo Código de Processo Civil (2015) – ante a existência de uma cláusula compromissória livremente estipulada entre as partes em um contrato empresarial. Como destaca a autora "a premissa deste estudo consiste em compatibilizar a ânsia de racionalização do processo civil brasileiro, tendo como base o CPC/15, com a liberdade de contratar exercida cotidianamente pelas empresas brasileiras, sobretudo ao instituírem a arbitragem como meio alternativo de solução de conflitos e renunciarem, expressamente, ao moroso Poder Judiciário como órgão de exercício de jurisdição". Em sua compreensão, é possível compatibilizar um instituto eminentemente processual com outro de natureza negocial, "proporcionando às empresas e seus *stakeholders* maior segurança jurídica ao firmarem contratos empresariais no Brasil".

Em sintonia com o atual momento regulatório, Juliana Dal Sasso Vilela de Andrade aborda a "Responsabilidade Civil Contratual pela Desistência Unilateral de Celebrar o Contrato Definitivo após o Aceite da Proposta de Compra e Venda de Energia Elétrica no Ambiente de Contratação Livre – ACL". Juliana explica em seu trabalho a importância da vinculação das partes aos compromissos firmados no mercado livre de energia elétrica. O foco de seu trabalho é a análise da situação dos consumidores livres e especiais, que estabelecem negociações no ACL, podendo comercializar a energia elétrica por meio de contratos bilaterais e livremente estabelecidos entre as partes, diferentemente dos consumidores cativos que estão obrigados a adquirir energia diretamente da concessionária à qual estão conectados, mediante um contrato devidamente regulado pela Agência Nacional de Energia Elétrica (ANEEL).

Finalmente, Thais de Almeida Vieira, em interessante abordagem à "Possibilidade de propositura de recuperação judicial do empresário rural" trata inicialmente da importância do agronegócio no Brasil, bem como os riscos que podem causar à economia nacional caso a atual crise econômica, que atinge inúmeros nichos de mercado, também afete gravemente o setor do agronegócio. Em suas considerações a autora arremata que "partindo do pressuposto de que a Lei 11.101/2005 foi elaborada exatamente com intuito de modernizar e otimizar o ordenamento falimentar, com tendência à manutenção da empresa, da fonte de produção, dos empregos, é que se busca demonstrar que o aceite à propositura de recuperação judicial do empresário rural é medida que se impõe, em razão da sua grande influência no cenário econômico brasileiro, que também reflete internacionalmente, uma vez que o Brasil é um dos maiores exportadores de produtos agrícolas e pecuários."

Parabenizamos nossos alunos, ora autores desta obra de reconhecida qualidade, os professores orientadores do Insper Direito, a nossa acolhedora casa o Insper e a Editora Almedina pelo fundamental apoio de ambos, sem o qual não seria possível esta esperada publicação.

A todos desejamos uma excelente leitura!

Eduardo Montenegro Dotta
Professor do Insper Direito no LLM em Direito do Mercado Financeiro e de Capitais e no LLC em Direito Empresarial, Membro do Conselho do Insper Direito

PREFÁCIO

Há 18 anos, o Insper lançava o seu primeiro programa de LL.M – Master of Laws.

Hoje, com quatro programas de LL.M - Direito dos Mercados Financeiro e de Capitais, Direito Societário, Direito Tributário e Direito dos Contratos - e um programa de LL.C em Direito Empresarial Privado, o Insper Direito consolida seu papel como um centro de estudos e de divulgação da cultura jurídica nos meios empresariais do País, ao publicar, a cada semestre, a Coleção Estudos Aplicados ao Direito Empresarial.

Honra-me, assim, sobremaneira prefaciar o Segundo Volume da Coleção Estudos Aplicados ao Direito Empresarial.

Fruto das melhores monografias de alunos e trabalhos de professores da pós-graduação em Direito, esta obra vem ao encontro da proposta educacional do Insper: multidisciplinariedade, com enfoque prático e ao mesmo tempo primando pela qualidade de seus corpos docente e discente.

Esta obra escapa ao modismo superficial de um conhecimento feito, acabado, compelido em textos para a conclusão do curso. Trata-se de uma obra que agrega ao mundo empresarial que precisa entender a dinâmica do mercado, inclusive em seus aspectos jurídicos.

Como toda obra coletiva, também esta precisa ser lida tendo-se em consideração a riqueza específica de cada contribuição, na diversidade que apresenta. Mas é o conjunto da obra que me alegra ao constatar que algo importante e novo está se passando nos cursos de LL.M e LL.C: as produções acadêmicas estão abordando cada vez mais conhecimentos nas áreas da economia, finanças, contabilidade e em negociação estratégica, ferramentas cada vez mais demandadas dos juristas da área empresarial.

E é na produção acadêmica desenvolvida com qualidade que assenta o aperfeiçoamento profissional.

Boa leitura!

Pierre Moreau

Advogado, professor e doutor em direito pela PUC-SP. É sócio da Moreau Advogados, membro do Conselho de Direito do Insper

SUMÁRIO

Domínio do Fato: a Suposta Extensão do Conceito de Autor
Alexis Simão Megalomatidis — 13

Enquadramento das Sociedades de Propósito Específico (SPE) com patrimônio de afetação na recuperação judicial de incorporadora imobiliária
Aline da Silva Gomes — 41

A Estabilização da Tutela Antecipada Pré-arbitral
Andrea Pereira — 75

Responsabilidade Civil Contratual pela Desistência Unilateral de Celebrar o Contrato Definitivo após o Aceite da Proposta de Compra e Venda de Energia Elétrica no Ambiente de Contratação Livre – ACL
Juliana Dal Sasso Vilela de Andrade — 105

A Possibilidade de Propositura de Recuperação Judicial do Empresário Rural
Thais de Almeida Vieira — 139

Domínio do Fato: a Suposta Extensão do Conceito de Autor

Alexis Simão Megalomatidis

1. Introdução

Vivemos em um tempo ímpar, em que o avanço social e tecnológico desafia limites éticos. Governos, empresas e cidadãos se veem em uma crescente batalha contra a corrupção, tanto em âmbito público, quanto privado, as quais, infelizmente, são recorrentes no Brasil.

Nesse cenário, a mudança para um modelo sustentável de negócios, pautado na ética, passa a se mostrar viável. Para que se alcance esse objetivo, a adoção de sistemas aptos a criar ambientes de integridade e transparência e que combatam eventuais desvios de forma célere, enquadrando os indivíduos desvirtuados dentro de uma moldura ética, torna-se imprescindível.

É imperativo, então, que se tenha em mente, de forma clara, o âmbito de aplicação da lei penal e a abrangência da responsabilização dos administradores de sociedade por atos de terceiros, situação que não só importa ao Direito, como também à sociedade e aos públicos de interesse relacionados. Importa também, com maior rigor, aos profissionais capacitados para criação de controles, políticas e procedimentos pautados na lei, que ganham protagonismo ao mitigar, em grande parte, o cerne da prática de atos de corrupção, além de fornecer competências técnicas para melhor orientar e conduzir atividades internas das empresas de forma ética.

Assim, este artigo analisará, sem pretensões de esgotar o assunto, o Domínio do Fato como um critério de delimitação de autoria em Direito Penal, conforme as bases teóricas idealizadas pelos autores Hans Welzel e Claus Roxin e demonstrará que ambas as concepções são critérios de um conceito restritivo de autoria.

Ainda, busca-se com este trabalho, trazer um histórico breve sobre a corrupção, passando, em seguida, a analisar os sistemas de responsabilização no ordenamento jurídico brasileiro, complementando este tópico com um estudo a respeito da responsabilização penal com base e enfoque no Domínio do Fato, seu conceito e aplicação proposta atualmente.

Em continuidade, será realizado um estudo dos deveres legais do administrador de sociedade, para, em seguida, verificar em que medida esses administradores submetem-se à imputação de responsabilidade penal por ato de corrupção de terceiro – sob a ótica clássica da conduta, culpa e resultado.

Finalmente, o trabalho foi desenvolvido segundo a metodologia dedutiva, por meio da qual procurou-se retomar preceitos básicos de Direito Penal aplicáveis ao estudo em questão, para, na sequência, enfrentar o Domínio do Fato e sua interpretação e aplicação atuais.

2. Apontamentos históricos

A palavra corrupção tem sua origem no termo latino *corruptio* e consiste no ato de corromper, destruir, ou depravar alguém. De forma aplicada e consistente com os dias atuais, corrupção corresponde ao ato de subornar ou deixar-se subornar por alguém, em troca de algum benefício ilegítimo ou ilegal[1].

---

[1] HOUAISS, Antonio. **Dicionário eletrônico houaiss**. Rio de Janeiro: Objetiva, 2009.

A corrupção é uma das grandes mazelas mundiais em razão das consequências prejudiciais por ela geradas, sendo um dos vetores para apropriação indevida de verbas públicas que deveriam ser destinadas a políticas públicas voltadas à garantia de direitos fundamentais dos cidadãos, como saúde, educação e moradia[2]. Além de falha moral, a corrupção também se mostra como um descumprimento de preceitos jurídicos que proíbem sua prática, que se mostra livre em razão da liberdade perpetrada pelas garantias constitucionais malversadas.

Em suma, corrupção é o oposto da democracia.

A impressão de que a corrupção está arraigada à cultura de algumas sociedades não deixa de ser verdadeira, especialmente em se tratando da sociedade brasileira. Segundo relatos históricos,

> Quando Portugal começou a colonização, a coroa não queria abrir mão do Brasil, mas também não estava disposta a viver aqui. Então, delegou a outras pessoas a função de ocupar a terra e de organizar as instituições. Só que como convencer um fidalgo português a vir para cá sem lhe oferecer vantagens? A coroa então era permissiva, deixava que trabalhassem aqui sem vigilância. Se não, ninguém viria. Assim, a um oceano de distância da metrópole, criou-se um clima propício à corrupção, em que o poder e a pessoa se confundiam e eram vistos como uma coisa só. No Brasil colônia, assim como hoje, a corrupção permeava diversos níveis do funcionalismo público. Na época, atingia desde o governador, passando por ouvidores, tabeliães e oficiais de justiça, chegando até ao funcionário mais baixo da Câmara, que era uma espécie de fiscal de assuntos cotidianos[3].

---

[2] BITTENCOURT, Sidney. **Comentários à lei anticorrupção**: lei 12.846/2013, 2. ed. rev. atual e ampl. São Paulo: Revista dos Tribunais, 2015, p. 23.

[3] BARBA, Mariana Della. Corrupção no brasil tem origem no período colonial, diz historiadora. **BBC Brasil**, Brasília, 4 nov. 2012. Disponível em <http://www.

Note-se que apesar de diferentes normas proibirem sua prática, a aceitação e conivência da sociedade para com a corrupção foi se agravando através dos anos e perdurou até o século XXI, quando se viu banalizada.

Contudo, em junho de 2013, diversos movimentos populares romperam com os padrões morais e éticos até então vigentes na sociedade brasileira e trouxeram uma tônica de repressão e intolerância a atos de corrupção, exigindo ação governamental rápida e adoção de medidas práticas aptas a pôr um fim à realização de tais atos.

Assim, em resposta aos clamores populares, o Governo Federal publicou a Lei 12.846, também conhecida como Lei Anticorrupção, em 01.08.2013, com o objetivo de aprimorar o sistema de combate à corrupção já vigente no país, estabelecido no Código Penal e em legislações penais extravagantes, que tratam, entre outros temas, de lavagem de dinheiro, improbidade administrativa, fraude à licitações e, também, práticas anticoncorrenciais.

Esta lei teve origem em um Projeto de Lei submetido pelo Poder Executivo ao Congresso Nacional, a fim de atender obrigações assumidas pelo Brasil quando da ratificação de convenções contra a corrupção, firmadas perante a Organização das Nações Unidas, Organização dos Estados Americanos e Organização para Cooperação e Desenvolvimento Econômico. O Projeto de Lei tramitou de 2010 a 2013 na Câmara dos Deputados e foi encaminhado ao Senado Federal em 21.06.2013. Em razão das manifestações populares contra a corrupção, o Senado analisou o Projeto com urgência e, em 04.07.2013, foi levado ao Plenário, que o aprovou[4].

---

bbc.com/portuguese/noticias/2012/11/121026_corrupcao_origens_mdb.shtml>. Acesso em 10 ago. 2016.

[4] BITTENCOURT, op. cit., p. 26

3. O sistema de responsabilização na Lei 12.846/2013

A Lei Anticorrupção tem como principal finalidade responsabilizar as pessoas jurídicas pela prática de atos de corrupção cometidos contra a administração pública, nacional ou estrangeira (artigo 1º da Lei Anticorrupção), a exemplo de outras legislações semelhantes publicadas em outros países como o *Foreign Corrupt Practices Act* (FCPA) e o *United Kingdom Bribery Act* (UKBA).

O texto inovou o ordenamento jurídico ao conferir mais um instrumento legal ao combate à corrupção, possibilitando a imputação de responsabilidade às empresas pelos atos de corrupção praticados, mesmo que sem obtenção de qualquer benefício e, mais importante, independentemente de culpa. Em outras palavras, a Lei Anticorrupção adotou a teoria da responsabilidade objetiva para punição dos atos de corrupção na esfera administrativa.

Diante dessa opção do legislador, mostra-se importante distinguir os dois sistemas de responsabilidade do Direito brasileiro: os regimes de responsabilização subjetiva e objetiva.

Determinar a espécie de responsabilidade constitui passo essencial à análise e compreensão das consequências jurídicas de um ato ilícito, de modo a definir os responsáveis pelo dano causado, uma vez que o elemento básico para distinção entre elas reside na culpa do agente[5].

Em breve paralelo, pode-se afirmar que a responsabilidade subjetiva consiste naquela apurada por meio da demonstração da conduta culposa, enquanto que a objetiva independe de culpa do agente causador do dano, em virtude da atividade arriscada por ele empreendida, ou ainda, nos casos expressamente especificados em lei[6].

---

[5] LISBOA, Roberto Senise. **Manual de direito civil**: direito das obrigações e responsabilidade civil. v.2. 7. ed. São Paulo: Saraiva, 2013, p. 286.
[6] Ibid., p. 286.

Historicamente, de acordo com Sílvio Venosa[7],

[...] o fundamento original da responsabilidade era exclusivamente subjetivo, fundado sobre o conceito de culpa. Essa posição foi adotada pela quase unanimidade dos códigos do passado. No entanto, a noção clássica de culpa foi sofrendo, no curso da História, constantes temperamentos em sua aplicação. Nesse sentido, as primeiras atenuações em relação ao sentido clássico de culpa traduziram-se nas 'presunções de culpa' e em mitigações no rigor da apreciação da culpa em si. Os tribunais foram percebendo que a noção estrita de culpa, se aplicada rigorosamente, deixaria inúmeras situações de prejuízo sem ressarcimento. [...]. Não se confunde a presunção de culpa, onde culpa deve existir, apenas se invertendo os ônus da prova, com a responsabilidade sem culpa ou objetiva, na qual se dispensa a culpa para o dever de indenizar. De qualquer forma, as presunções de culpa foram importante degrau para se chegar à responsabilidade objetiva.

Desse modo, apesar das alterações históricas e a inclinação ao acolhimento da responsabilidade objetiva, para o Direito moderno, a responsabilidade é subjetiva em regra e, em casos expressamente descritos na legislação, objetiva.

E por responsabilidade objetiva, entende-se aquela que independe de culpa do agente. Contudo, para que a inexistência de culpa seja fator preponderante para caracterização de responsabilidade, mostra-se imprescindível que se verifique o exercício de uma atividade de risco, ou mesmo previsão legal expressa nesse sentido.

Por essa razão, a responsabilidade objetiva costuma ser definida como aquela que se verifica independentemente de "culpa do agente causador do dano, pela atividade perigosa por ele

---

[7] VENOSA, Silvio de Salvo. **Direito civil**: responsabilidade civil. v.4. 7. ed. São Paulo: Atlas, 2007, p. 12.

desempenhada, ou ainda por danos causados cuja imputação de reparação encontre-se devidamente prevista em lei"[8].

A culpa, como divisor e configurador de uma ou outra espécie de responsabilidade, integra-se a um dos três elementos constituidores da responsabilidade – a conduta – e pode ser analisada tanto em sua acepção civil, quanto penal, de forma ampla, a fim de alcançar os conceitos de dolo e o de culpa em sentido estrito.

Em âmbito civil, o dolo está positivado no artigo 186 do Código Civil, que o dispõe como elemento subjetivo daquele que pratica um ato ilícito ao prescrever que a prática de ação ou omissão voluntária, com o intuito de violar direito e causar dano a outra pessoa acarreta o cometimento de um ato ilícito. O conceito exposto no artigo 186 do Código Civil guarda estrita relação com aquele preceituado pelo Código Penal, que em seu artigo 18, inciso I, determina como doloso o crime em que o agente buscou o resultado ou assumiu o risco de produzi-lo[9].

Semelhantemente, a legislação civil também trata da culpa em sentido estrito no mesmo artigo 186 do Código Civil, ao determinar que age com culpa a pessoa que causa a outrem um dano por imprudência, negligência ou imperícia. Novamente, a mesma relação pode ser percebida na legislação penal, uma vez que o inciso II do artigo 18 do Código Penal informa ser culposo o crime em que o agente causou o resultado danoso em uma das três condições acima mencionadas, quais sejam, imprudência, negligência ou imperícia[10].

---

[8] VENOSA, op. cit., p. 286.
[9] DAL POZZO, Antonio Araldo Ferraz; DAL POZZO, Augusto das Neves; DAL POZZO, Beatriz; FACCHINATTO, Renan Marcondes. **Lei Anticorrupção**: apontamentos sobre a Lei n. 12.846/2013. 2. ed. rev. e atual. de acordo com o Decreto 8.420/2015 e o novo Código de Processo Civil. São Paulo: Editora Contracorrente, 2015, p. 29-31.
[10] DAL POZZO, op. cit., p. 31-32.

Feitos estes esclarecimentos, nota-se que ao lado deste avanço no combate à corrupção, em atendimento a tendências internacionais, a Lei Anticorrupção preencheu uma lacuna existente na legislação brasileira ao estender as punições às pessoas jurídicas envolvidas nos atos de corrupção. Esta mesma lei, em atenção a preceitos constitucionais e penais, destacou que a responsabilidade dos administradores de empresas não é suprida por eventual condenação da pessoa jurídica e dependerá da efetiva comprovação de sua culpa, sendo ela, portanto, subjetiva, conforme o artigo 3º, §§ 1º e 2º da Lei Anticorrupção.

De igual maneira, é possível notar e não é demais frisar que, em hipótese alguma, o Código Penal prevê a condenação sem a devida comprovação de culpa, mas, em uma análise prática, a Lei Anticorrupção criou um caminho rápido e sem empecilhos à responsabilização dos administradores na esfera penal, como se verá abaixo.

4. O domínio do fato: pressupostos de autoria e análise

Apesar da clareza desta norma, a responsabilidade dos administradores por atos de corrupção de terceiros, especificamente na área penal, vem sendo alvo de severas críticas e discussões a fim de fortalecer a eficácia da Lei Anticorrupção, suscitando interpretações radicais relativamente à expansão de sua aplicabilidade, muito em razão do cenário político e social enfrentado pela sociedade brasileira desde o ano de 2013.

No Brasil, o Domínio do Fato ganhou destaque e repercutiu em diversas discussões acadêmicas, recebendo, inclusive, a atenção de diversos setores extrajurídicos da sociedade, como a própria mídia, por ter sido especialmente evidenciado e ficado

> [...] latente nas imputações destinadas aos agentes financeiros que responderam às acusações formuladas na Ação Penal 470 principalmente nos casos em que não havia uma execução direta,

isto é, o agente financeiro não realizava a ação descrita no tipo penal.

Os principais questionamentos surgiram quando alguns ministros proferiram seus votos condenando os réus que atuaram no sistema financeiro sem que se tivesse uma prova firme de que estes teriam executado a conduta descrita no tipo penal que lhes fora imputado, embora em alguns casos tivessem o conhecimento do delito cometido ou que pudesse ser cometido. Noutros casos, discutiu-se a possibilidade do eventual conhecimento (dolo eventual) e a possibilidade de responsabilidade do agente que assim atuou[11].

Nesse contexto, membros do Poder Judiciário, encabeçados pelo Supremo Tribunal Federal[12], e integrantes do Ministério Público[13] passaram a propagar o uso do Domínio do Fato como forma de possibilitar a condenação de ocupantes de cargos de gestão e mando por práticas criminosas – incluindo, entre elas, a prática de corrupção – apesar de não ter ordenado tais ações, ou delas não tenham tido conhecimento, ou ainda, participado ativa ou passivamente, unicamente pelo fato de ocuparem uma posição de mando.

---

[11] CALLEGARI, André Luis. A ação penal 470 e os limites da responsabilidade penal dos agentes financeiros. **Instituto Brasileiro de Ciências Criminais.** Boletim 242, jan. 2012. Disponível em <https://www.ibccrim.org.br/boletim_artigo/4802-A-Acao-Penal-470-e-os-limites-da-responsabilidade-penal-dos-agentes-financeiros>. Acesso em 10 ago. 2016.
[12] Conforme: BRASIL. Supremo Tribunal Federal. Ação Penal nº 470. Ministério Público Federal e José Dirceu de Oliveira e Silva e outros. Relator: Ministro Joaquim Barbosa. Brasília, 17 dez. 2012. Disponível em: <ftp://ftp.stf.jus.br/ap470/InteiroTeor_AP470.pdf>. Acesso em: 08 ago. 2016.
[13] MACEDO, Fausto. O fantasma da teoria do domínio do fato. **Estadão.** 11 ago. 2015. Disponível em <http://politica.estadao.com.br/blogs/fausto-macedo/o-fantasma-da-teoria-do-dominio-do-fato>. Acesso em: 10 ago. 2016.

E muitas vezes o fizeram apoiados em robusta doutrina nacional – a título de exemplo: Cezar Roberto Bittencourt[14], Fernando Capez[15], André Estefam[16], Júlio Mirabete[17], Guilherme Nucci[18] e Luiz Régio Prado[19] – que, de diferentes maneiras, escreveram sobre pressupostos atinentes à configuração da autoria e seus reflexos no Direito Penal, bem como o Domínio do Fato, mas não apresentaram suas ideias com nitidez, dificultando a compreensão do leitor ao tratarem de diversos critérios de diferenciação como se idênticos fossem, impedindo a correta compreensão do Domínio do Fato e incentivando sua aplicação de forma equivocada.

O Domínio do Fato foi idealizado por Hans Welzel em 1939 e, com base em suas ideias, foi reformulado por Claus Roxin, em 1963, em decorrência ao julgamento e condenação de oficiais do alto escalão nazista como partícipes de diversos crimes praticados contra judeus na Alemanha, nas décadas de 30 e 40. Welzel entendia que, ao orientarem seus subalternos à prática delituosa, atuavam como verdadeiros mentores e senhores dos fatos. Em outras palavras: eram os "homens de trás" determinando que "homens de frente" agissem criminosamente, sendo, portanto, verdadeiros coautores dos delitos[20].

---

[14] BITENCOURT, Cezar Roberto. **Tratado de direito penal**: parte geral. 17. ed. São Paulo: Saraiva, 2012, p. 549.

[15] CAPEZ, Fernando. **Curso de direito penal**: parte geral. 16. ed. São Paulo: Saraiva, 2012, p. 363-364.

[16] ESTEFAM, André. **Direito penal**: parte geral. 3. ed. São Paulo: Saraiva, 2013, p. 309-310.

[17] MIRABETE, Júlio Fabbrini; FABBRINI, Renato M. **Manual de direito penal**: parte geral. v.1. 28. ed. São Paulo: Atlas, 2012; p. 213-216.

[18] NUCCI, Guilherme de Souza. **Manual de direito penal**: parte geral, parte especial. 7. ed. São Paulo: Revista dos Tribunais, 2011, p. 375-376.

[19] PRADO, Luiz Régis. **Curso de direito penal brasileiro**. 12. ed. São Paulo: Revista dos Tribunais, 2013, p. 569-571.

[20] BITENCOURT, Cezar Roberto. A teoria do domínio do fato e a autoria colateral. **Consultor Jurídico**. São Paulo, 18 nov. 2012. Disponível em: <http://

Antes de adentrar nas explanações de tais pressupostos – sucintas, devido à natureza deste trabalho – é necessário deixar claro que o verbete "teoria" não se mostra o mais adequado para classificação do Domínio do Fato. Teorias tratam de explicações genéricas e abrangentes, enquanto que o Domínio do Fato, como se verá, possibilita a diferenciação entre autores e partícipes. Logo, mais correto seria classificá-lo como um "critério", até mesmo porque sequer Welzel e Roxin referem-se às suas ideias como uma "teoria"[21],[22].

Assim, verifica-se a importância da discussão dos pressupostos básicos para melhor compreensão do Domínio do Fato. São eles: (i) os conceitos de autoria extensivo e restritivo; (ii) os sistemas de autoria unitário e diferenciador e (iii) os critérios de autoria subjetivo, objetivo formal, objetivo material e domínio do fato, que, adiante-se, são distintos entre si.

O primeiro pressuposto para compreensão do Domínio do Fato é o conceito extensivo de autor. Segundo este conceito, autor são todos aqueles que realizam a ação descrita no tipo penal, e o legislador tem o condão de distribuir a responsabilidade por autor de forma proporcional à extensão da ação de cada participante[23]. Em outras palavras, tal conceito estende-se na medida em que engloba, sem qualquer diferenciação, a figura dos partícipes, uma vez que estes últimos também estabelecem uma condição para o resultado[24].

---

www.conjur.com.br/2012-nov-18/cezar-bitencourt-teoria-dominio-fato-autoria-colateral>. Acesso em: 15 mai. 2016.
[21] ALFLEN, Pablo Rodrigo. **Teoria do domínio do fato**. São Paulo: Saraiva, 2014., p. 60.
[22] GRECO, Luís; LEITE, Alaor; TEIXEIRA, Adriano; ASSIS, Augusto. **Autoria como domínio do fato**: estudos introdutórios sobre o concurso de pessoas no direito penal brasileiro. São Paulo: Marcial Pons, 2014, p. 24.
[23] GRECO, op. cit., p. 13-14.
[24] ALFLEN, op. cit., p. 64.

O conceito restritivo, por seu lado, determina que autor é "quem realiza o tipo; a possível punição de outros que não realizam o tipo, os chamados partícipes, ocorre através de uma ampliação da punibilidade e não de uma restrição, como era feito partindo de um conceito extensivo de autoria"[25] e, a não ser que previsto de outra forma, as formas acessórias (cumplicidade e instigação) devem permanecer impunes, uma vez que sua punibilidade configura ampliação da conduta para fora do tipo[26].

Quando se trata dos sistemas de autoria, o unitário pode ser visto em três subdivisões, sendo que a primeira delas "não diferencia entre autor e partícipe (sistema unitário formal), ou o faz apenas no plano conceitual, fixando o mesmo marco penal – máximo e mínimo – para todos os que concorrem causalmente para o fato (sistema unitário funcional)[27]".

Já, o sistema diferenciador "distingue várias formas de intervenção no delito, isto é, distingue entre autor e partícipes, e pode prever, ademais, diferentes marcos penais para as diferentes formas de intervenção"[28] e pode ser entendido sob quatro acepções: uma subjetiva, que compreende como autor aquele que contribui objetivamente para a realização do tipo e quer o fato como seu, enquanto que o partícipe age desejando apenas participar e que o fato seja tido como resultado alheio[29].

Os demais três critérios objetivos são: (i) formal, segundo o qual autor é quem realiza por si mesmo o elemento objetivo do tipo; partícipe é quem contribui com a consecução de forma preparatória ou de apoio[30]; (ii) material, que tem como base o

---

[25] GRECO, op. cit., p. 54.
[26] ALFLEN, op. cit., p. 67-68.
[27] GRECO, op. cit., p. 51.
[28] GRECO, op. cit., p. 13.
[29] ALFLEN, op. cit., p. 74.
[30] ALFLEN, op. cit., p. 70.

maior ou menor grau de periculosidade que individualiza e diferencia a contribuição para o fato entre o autor e o partícipe[31] e (iii) do domínio do fato, que, neste trabalho, será enfocada nas visões de Welzel e Roxin e abaixo tratadas com maior cuidado.

Independentemente desta explicação ainda pendente, é possível chegar-se a algumas conclusões com base nas ideias já expostas: ao se tratar de um conceito extensivo de autoria, a única forma de não eleger um sistema unitário ocorre por escolha do critério subjetivo de diferenciação autor-partícipe. Adicionalmente, todo conceito restritivo de autor, essencialmente, demanda a existência conjunta do sistema diferenciador, optando-se por um dos três critérios, que são, obviamente, excludentes entre si: o objetivo formal, o objetivo material ou o domínio do fato.

Assim, é preciso destacar quais foram os pressupostos adotados pela legislação brasileira, para que se entenda o conceito de autor originalmente aceito. O Código Penal, em sua redação de 1940, propunha um conceito de autoria extensivo combinado a um sistema unitário. No entanto, a reforma de 1984 apresentou diversas mudanças de texto e, especialmente com a mudança de redação do artigo 25[32], renumerado para artigo 29[33], criou uma possibilidade interpretativa a respeito de qual sistema de autoria (unitário ou diferenciador) foi recepcionado pela nova parte geral do Código, quando analisado em conjunto com o artigo 31[34] do Código Penal.

---

[31] ALFLEN, op. cit., p. 72.
[32] Art. 25. Quem, de qualquer modo, concorre para o crime incide nas penas a este cominadas.
[33] Art. 29. Quem, de qualquer modo, concorre para o crime incide nas penas a este cominadas, na medida de sua culpabilidade.
[34] Art. 31. O ajuste, a determinação ou instigação e o auxílio, salvo disposição expressa em contrário, não são puníveis, se o crime não chega, pelo menos, a ser tentado.

Assim, com a análise de ambos os artigos, conclui-se, de forma breve, que houve equívocos na redação destas disposições, que não deixam claros o conceito e o sistema de autoria vigentes no Brasil, uma vez que

> [...] o sistema de autoria e participação, tal como regulado em nosso código penal parte, à primeira vista, de um conceito extensivo de autor e apresenta características de um sistema unitário. A par das insuficiências e do déficit da legitimidade de alguns dispositivos acima apontados, nosso sistema tende a dissolver a distinção entre autor, instigador e cúmplice em um emaranhado de critérios de determinação da pena. Por outro lado, com apoio de argumentos baseados na interpretação de determinados dispositivos [...], e com base no princípio da legalidade, é possível partir já *de lege lata* de um conceito restritivo de autor e da teoria do domínio do fato"[35].

Retomando as definições de Domínio do Fato por Wezel e Roxin, é possível afirmar de antemão, para que fique clara a distinção entre os preceitos por eles propostos, que as ideias de cada um dos autores estão baseadas, respectivamente, no finalismo e no funcionalismo.

Para Welzel, a autoria depende de dois pressupostos, tratando-se de delitos dolosos: (i) o pessoal, subdividido nas óticas objetiva, voltada para eventuais posições especiais de dever e subjetiva, na qual o agente possui uma intenção especial e (ii) o pressuposto fático, que representa o domínio final do fato[36].

Como consequência, Welzel identifica três modalidades de autoria (autoria direta, coautoria e autoria mediata) de forma

---

[35] GRECO, op. cit., p. 80
[36] WELZEL, Hans. **Derecho penal aleman**: parte general. 11 ed. Santiago de Chile: Editorial Juridica de Chile, 1997. Tradução de Juan Bustos Ramírez e Sergio Yáñez Pérez. p. 121.

distinta, porém o domínio do fato sempre se faz presente como pressuposto para todas elas.

Assim, a autoria direta para Welzel, "consiste na realização direta, voluntária e conscientemente final do fato por quem, tendo preenchido os pressupostos pessoais objetivos e subjetivos exigidos pelo tipo, possui domínio pleno sobre sua decisão e execução"[37].

A autoria mediata, de sua vez, ocorre em três situações específicas: quando o autor imediato atua (i) sem dolo[38], (ii) sem liberdade[39] ou (iii) sem qualificação[40]. Isto é, tendo domínio integral do fato, o "homem de trás" representa o autor mediato. No entanto, caso o "homem da frente" tenha domínio completo do fato, o "homem de trás" figurará como simples instigador da prática criminal.

Da mesma forma, Welzel preceituava que, para ser coautor, são necessários dois requisitos, além, é claro, de ter as qualidades pessoais: é preciso (i) que haja uma decisão conjunta sobre a realização do fato, bem como (ii) uma execução conjunta na

---

[37] ALFLEN, op. cit., p. 91

[38] *Dominio final del hecho es llevar a cabo, por medio de un actuar final, la propria voluntad de realización (el dolo de tipo). Por eso falta en el actor inmediato, que obra sin dolo de tipo, y es proprio del que está detrás, que con dolo de tipo manda realizar el resultado típico a través de un tercero que obra sin dolo en relación a este resultado, y es indiferente si el tercero actúa con o sin lesión del cuidado objetivo exigido.* WELZEL, op. cit., p. 122.

[39] *Tal relación de dominio superior del hecho, en que el actor inmediato ejecuta sin libertad una voluntad de realización ajena, se produce, sobre todo, cuando se obra [2.1] violentado por fuerza, [2.2] sin voluntad y [2.3] en cumplimiento de una orden militar antijurídica y obligatoria.* WELZEL, op. cit., p. 123.

[40] *En los delitos especiales proprios el cualificado que está detrás y que induce, es el que da al no cualificado la posibilidad de tomar parte en la realización típica del delito especial. Esto fundamenta el dominio del que está detrás, es decir, del cualificado, sobre la participación del que no lo es, en la realización del delito especial ("dominio social del hecho") y con eso su autoría.* WELZEL, op. cit., p. 125.

prática efetiva ou nos atos preparatórios da atividade criminosa, no mínimo[41].

Como já afirmado acima, Roxin pretendeu superar as ideias de Welzel, implicando a total desvinculação entre as opiniões expostas por cada um deles.

Tendo essa clara intenção em mente, Roxin preconiza que, nos delitos por domínio, autor é "a figura central do acontecer típico[42]". E em respeito a cada uma das espécies de autoria, Roxin entende que a autoria direta é aquela que domina sua própria ação, quem realiza todos os elementos de um tipo, ainda que aja sob orientação ou ordem de terceiro[43].

A coautoria, para Roxin, reside no domínio funcional do fato e é "reconhecida como cooperação baseada na divisão de trabalho através da participação ajustada ao fato"[44], contando com três requisitos, portanto: (i) planejamento conjunto; (ii) execução conjunta com participação imprescindível de um terceiro e (iii) contribuição na execução deve ser ativa.

Finalmente, quanto à autoria mediata, que se constitui pelo domínio da vontade de um terceiro, Roxin assevera que uma pessoa se utiliza de outra de modo a atingir seus objetivos, e por meio da instrumentalização deste indivíduo, domina o acontecimento mediatamente[45], que pode se desenvolver por meio de três formas: (i) coação exercida sobre o "homem da frente", (ii) indução do "homem da frente em erro" e (iii) domínio por meio de aparato organizado de poder.

---

[41] WELZEL, op. cit., p. 129.
[42] GRECO, op. cit., p. 24-25.
[43] GRECO, op. cit., p. 25-26.
[44] ROXIN, Claus. O domínio por organização como forma independente de autoria mediata. **Revista Eletrônica Acadêmica de Direito**, v. 4., n.3., p. 69-94, nov. 2009. Disponível em <http://www.panoptica.org/seer/index.php/op/article/view/Op_4.3_2009_69-94/94>. Acesso em 24 ago. 2016.
[45] ALFLEN, op. cit., p. 125

Com base nessas explicações, a respeito dos estudos de Welzel e Roxin, conjugadas com os pressupostos anteriormente expostos, pode-se concluir que, embora diferentes, ambas as concepções de domínio do fato são critérios de autoria atinentes a um sistema de autoria diferenciador combinado a um conceito de autoria restritivo.

5. Deveres fiduciários dos administradores

Pautados no Domínio dos Fatos e na interpretação equivocada de diversos doutrinadores brasileiros, como já indicado acima, os defensores de sua aplicação aguda advogam positivamente pela tese da condenação de administradores de sociedades pela prática de atos de corrupção por terceiros, independentemente da comprovação de culpa, afirmando que, em razão da posição de mando por eles assumida, torna-se inconcebível que não tivessem conhecimento do fato delituoso cometido por terceiro sob sua gestão e fundamentam grande parte de seus argumentos na violação dos deveres legais impostos aos administradores[46].

Davi Monteiro Diniz e Rubia Carneiro Neves[47] afirmam que o

> administrador pode ser decisivo para a conduta negocial entre pessoa jurídica e terceiro, situação que lhe impõe não apenas o dever de atuar de modo lícito em face de ambos os interessados, mas também de atuar consoante um padrão mínimo de iniciativa e probidade, sob pena de ser civilmente responsabilizado pelos prejuízos que culposamente ocasionar tanto à sociedade como a terceiros.

---

[46] MACEDO, op. cit.
[47] DINIZ, Davi Monteiro; NEVES, Rubia Carneiro. Responsabilidade do administrador de sociedade empresarial perante terceiros: questão necessária ao combate à corrupção na administração pública. **publicaDireito**. Disponível em: <http://www.publicadireito.com.br/artigos/?cod=b6bcdc5176f139f9>. Acesso em: 15 mai. 2016. p. 7.

Desse modo, administradores são compelidos a observar três deveres básicos: (i) diligência, que impõe aos administradores o emprego "na condução dos negócios sociais as cautelas, métodos, recomendações, postulados e diretivas da 'ciência' da administração de empresas"[48]; (ii) lealdade, que determina um padrão de comportamento aos administradores, esperando legitimamente que não traiam a confiança de seus pares, funcionários e públicos de interesse[49]; (iii) o dever de informar.

O dever de diligência

> se expressa normativamente pelo standard do bom pai de família. A doutrina aponta as dificuldades próprias de aplicação desse dispositivo, ressaltando seu vínculo com a concepção – já superada, diga-se de passagem, pelo direito brasileiro – de que o administrador encontra-se em posição similar à do mandatário. O padrão normativo é o do emprego, no exercício das funções de administrador da companhia, do cuidado e diligência próprios do homem ativo e probo na condução de seus interesses. [...] Diligente, de acordo com essa solução, é o administrador que observa os postulados daquele corpo de conhecimentos tecnológicos, fazendo o que nele se recomenda e não fazendo o que se desaconselha.[50]

O de lealdade, por seu lado, pode ser entendido como

> a reserva que deve ser mantida sobre os negócios da companhia, assim como a não utilização em proveito próprio ou de terceiros das oportunidades de negócio de que tenha ciência em

---

[48] COELHO, Fabio Ulhoa. **Curso de direito comercial**. v. 2. 9. ed. São Paulo: Saraiva, 2006. p. 246.
[49] Ibid., p. 248.
[50] Ibid., p. 253-254

função do cargo. Tratando-se de empresa aberta, as informações ainda não divulgadas, e que possam influir sobre a cotação dos valores mobiliários da companhia, devem ficar sob completo sigilo, estando os administradores, além disso, impedidos de, utilizando-as, obter vantagens para si ou para outrem, comprando ou vendendo ações em condições privilegiadas, eis que de posse de informações desconhecidas dos demais. A utilização dessas informações constitui o que se costuma chamar *insider trading*, conferindo à pessoa prejudicada o direito de pleitear perdas e danos[51].

Finalmente, o dever de informar é detalhado por Fábio Ulhoa Coelho[52] como

> O derradeiro dever imposto pela legislação acionária ao administrador é o de informar (LSA, art. 157), restrito aos casos de companhia aberta. O cumprimento desse dever apresenta dois aspectos distintos: de um lado, o pertinente às informações para esclarecimentos de acionistas; de outro, as comunicações de modificações na posição acionária ou de fatos relevantes, cujo destinatário é o mercado (ou seja, os seus operadores e investidores em geral).

É certo que estes deveres exigem dos administradores uma atuação proba e honesta ao conduzir os negócios da empresa como se deles fossem e embasados nos mais elevados padrões éticos e morais. No entanto, a inexistência de provas contundentes a respeito do cometimento de um ato de corrupção por terceiro ter ou não derivado de uma ordem, ou ainda ser de conhecimento do administrador, que não toma nenhuma ati-

---

[51] BORBA, José Edwaldo Tavares. **Direito Societário**, 12. ed, São Paulo, Renovar, 2010, p. 414.
[52] COELHO, op. cit., p. 257

tude no sentido de inibir o ato, não pode ser suprida pela mera imposição legal destes deveres, ou ainda, por eventual descumprimento dessas exigências.

Sendo assim, em visita ao Brasil, o próprio Roxin reconheceu que "quem ocupa posição dentro de um chamado aparato organizado de poder e dá o comando para que se execute um delito, tem de responder como autor, e não, só como partícipe"[53]. Contudo, o jurista ressaltou a correta aplicação de sua tese, de maneira resumida, ao afirmar que a posição hierárquica não fundamenta o domínio do fato.

Não basta, portanto, uma simples suposição a respeito da participação do administrador, ou de que ele deveria ter conhecimento dos fatos; faz-se necessária a comprovação irrefutável, como costuma ser em matéria penal, de tais fatos. Ou, como o próprio Roxin afirma: o mero ter que saber não basta."[54].

6. A responsabilização dos administradores por atos de corrupção de terceiros

Razão não falta a esta afirmação: a Constituição Federal assegura aos cidadãos a segurança em matéria penal[55], garantindo-lhes a responsabilidade pessoal e patrimonial do agente (art. 5º, XLV da Constituição Federal), o devido processo legal (art. 5º, LIV da Constituição Federal), que atua "tanto no âmbito material de proteção ao direito de liberdade, quanto no âmbito formal, ao assegurar-lhe paridade total de condições com o

---

[53] SCOCUGLIA, Livia. Claus Roxin critica aplicação atual da teoria do domínio do fato. **Consultor Jurídico**. São Paulo, 1 set. 2014. Disponível em: <http://www.conjur.com.br/2014-set-01/claus-roxin-critica-aplicacao-atual-teoria-dominio-fato>. Acesso em: 15 mai. 2016.
[54] SCOCUGLIA, op. cit.
[55] FERREIRA FILHO, Manoel Gonçalves. **Curso de direito constitucional**. 33. ed. rev. e atual. São Paulo: Saraiva, 2007. p. 307.

Estado-persecutor e plenitude de defesa"[56] e, também, a presunção de inocência (art. 5º, LVII, CF), que reafirma a "necessidade de o Estado comprovar a culpabilidade do indivíduo"[57].

Ao comentar o primeiro princípio, Gilmar Mendes indica que ele "fixa que a pena somente deve ser imposta ao autor da infração"[58] e prossegue afirmando que a disposição contida no inciso XLV do artigo 5º, da Constituição Federal também assegura que "a responsabilidade penal de que cuida é responsabilidade subjetiva ou responsabilidade que se assente na culpa"[59].

Do mesmo modo, o Ministro entende que o devido processo legal

> [...] assume uma amplitude inigualável e um significado ímpar como postulado que traduz uma série de garantias hoje devidamente especificadas e especializadas nas várias ordens jurídicas. Assim, cogita-se de devido processo legal quando se fala de [...] direito a não ser preso senão por determinação da autoridade competente e na forma estabelecida pela ordem jurídica[60].

Ou seja, em âmbito penal, como já se viu, a comprovação da culpa é elemento essencial descrito na ordem jurídica como pressuposto para condenação, independentemente das circunstâncias fáticas apresentadas ou teoria aplicáveis.

Por isso, Gilmar Mendes prossegue afirmando que o devido processo legal

---

[56] MORAES, Alexandre de. **Direito constitucional**. 19. ed. São Paulo: Atlas, 2006. p. 93.
[57] Ibid., p. 103.
[58] MENDES, Gilmar Ferreira. **Curso de direito constitucional**. 9. ed. rev. e atual. São Paulo: Saraiva. 2014, p. 505.
[59] Ibid., p. 506
[60] Ibid., p. 544.

Possui um âmbito de proteção alargado, que exige o *fair trial* não apenas dentre aqueles que fazem parte da relação processual, o que atuam diretamente no processo, mas de todo o aparato jurisdicional, o que abrange todos os sujeitos, instituições e órgãos, públicos e privados, que exercem, direta ou indiretamente, funções qualificadas, constitucionalmente, como essenciais à justiça[61].

Já a presunção de inocência, ou, como define Gilmar Mendes, da inculpabilidade, passou a ser interpretado de forma mais flexível, pois não impede o legislador de adotar medidas excepcionais contra a liberdade e patrimônio do agente[62].

E isso se pode verificar na interpretação mais assentada do Supremo Tribunal Federal a esse respeito, ao entender que ele "impede que se lance o nome do réu no rol dos culpados antes do trânsito em julgado da decisão condenatória"[63] e, "do mesmo modo, aceitam-se como legítimas as medidas cautelares concernentes ao processo [...]"[64], ao contrário do que determina a própria regra constitucional contida no inciso LIV do artigo 5º, da Constituição Federal.

No mais a mais, o princípio da proporcionalidade deverá ser observado a fim de se verificar a necessidade da aplicação da pena de forma excepcional àquela prescrita constitucionalmente.

Tal como já observado acima, todos devem ser julgados pelo que efetivamente fizeram, e não por quem são ou por cargo que detenham e a esse preceito constitucional deve ser somada, obviamente, a comprovação suficiente dos fatos, como demanda

---

[61] MENDES, op. cit., p. 544-545.
[62] MENDES, op. cit., p. 543.
[63] MENDES, op. cit., p. 537.
[64] MENDES, op. cit., p. 537.

o princípio da busca da verdade real que norteia o processo penal em "busca do fiel retrato da realidade do crime"[65].

Esses preceitos constitucionais, inclusive, são reforçados pelos artigos 18, 29 e 31, todos do Código Penal, os quais, quando conjugados, revelam que a responsabilidade penal tem natureza pessoal e característica subjetiva, uma vez que pressupõem conduta ativa ou passiva de um indivíduo ou um grupo de indivíduos, dependendo ou não da produção de um resultado prático, podendo constituir uma infração penal, desde que motivada por dolo ou culpa devidamente comprovadas[66], como já analisado neste trabalho.

Com a análise conjunta dos dispositivos constitucionais e legais acima mencionados, chega-se à conclusão da impossibilidade de atribuição de responsabilidade penal sem que haja prática de crime e demonstração de culpa, isto é, de forma objetiva. Esta lógica já está há muito expressa no brocardo latino: *nullum crimen nulla poena sine culpa*.

No mesmo sentido e de forma a sintetizar todo o exposto, ensina Paulo José da Costa Jr. que "não há crime sem conduta. Os delitos chamados de mera suspeita ou de simples posição não encontram guarida em nossa disciplina"[67].

Conclusão

Feitos estes esclarecimentos, entende-se, então, que oo Domínio do Fato vem sendo interpretado e divulgado, de forma errô-

---

[65] NUCCI, Guilherme de Souza. **Manual de processo penal e execução penal**. 5. ed. rev., atual. e ampl. São Paulo: Editora Revista dos Tribunais, 2008. p. 104.
[66] NUCCI, Guilherme de Souza. **Código penal comentado**. 7. ed. rev., atual. e ampl. São Paulo: Editora Revista dos Tribunais, 2007. p. 134-138, notas 6 a 9 ao artigo 13; p. 186-193, notas 60 – 70 ao artigo 18 e p. 275 -278, notas 3-7 ao artigo 29.
[67] COSTA JR, Paulo José da. **Comentários ao código penal**. v.1. São Paulo: Saraiva, 1986. p. 34.

nea, por juristas, pois, em verdade, seu objetivo consiste em distinguir autores de partícipes, e não a expandir a responsabilização dos administradores e culpá-los em virtude do cargo por eles ocupados.

O Domínio do Fato tem sua importância e relevância para a história e desenvolvimento do Direito Penal e, quando bem aplicado, não há que ser questionado. No entanto, é importante que sejam reconhecidos, da mesma forma, os fundamentos das circunstâncias sobre as quais se aplicam este critério, pois, se malversado e mal aplicado, pode tornar-se ferramenta inquisitória, especialmente quando desconexo e inconsistente com o conjunto de provas constante dos autos, ou ainda a fim de suprimir a falta de provas para condenação.

Deste modo, fica claro que devemos analisar as situações em dois momentos completamente distintos, mas que mantém entre si uma relação de dependência: (i) somente com a imprescindível comprovação da contribuição, de qualquer forma, do administrador de empresas a um terceiro que pratica atos de corrupção passa-se a (ii) avaliar se ele assim agiu dominando os fatos, conforme a teoria em questão. Em caso positivo quanto ao item (ii), atuou ele como autor; caso contrário – novamente no tocante ao item (ii) dependente do (i) – , como simples partícipe.

Contudo, é possível notar que muitas das opiniões hoje expressadas a respeito do Domínio do Fato têm, de forma proposital ou não, base na união das proposições de Welzel e Roxin. Esta conjugação, como se viu, é capaz de levar a uma anormalidade doutrinária que impossibilitaria a delimitação de autoria, onde haveria a possibilidade de Roxin de um "homem de trás" somada à possibilidade descrita por Welzel de coautoria por intermédio de auxílio em ato preparatório e, mais ainda, a opinião de Roxin quanto à independência do domínio do fato para configuração da autoria direta.

Possivelmente, as ideias de implacabilidade e total permeabilidade do Domínio do Fato, responsabilizando administradores de empresas por atos de corrupção do qual não participaram de forma ativa ou, ainda que sequer tenham sido omissos, decorram deste equívoco cometido por parte da doutrina e pelos órgãos judiciais pátrios, ou, ainda, da própria dúvida subjetiva gerada entre ao domínio do fato – de Welzel ou de Roxin – com o critério subjetivo de autoria, que, conforme já explanado, aplica-se somente a um conceito extensivo de autoria e é refutado por ambos autores[68].

Referências

ALFLEN, Pablo Rodrigo. **Teoria do domínio do fato.** São Paulo: Saraiva, 2014.

BARBA, Mariana Della. Corrupção no brasil tem origem no período colonial, diz historiadora. **BBC Brasil**, Brasília, 4 nov. 2012. Disponível em <http://www.bbc.com/portuguese/noticias/2012/11/121026_corrupcao_origens_mdb.shtml>. Acesso em 10 ago. 2016.

BITENCOURT, Cezar Roberto. A teoria do domínio do fato e a autoria colateral. **Consultor Jurídico**. São Paulo, 18 nov. 2012. Disponível em: <http://www.conjur.com.br/2012-nov-18/cezar-bitencourt-teoria-dominio-fato-autoria-colateral>. Acesso em: 15 mai. 2016.

_____. **Tratado de direito penal**: parte geral. 17. ed. São Paulo: Saraiva, 2012.

BITTENCOURT, Sidney. **Comentários à lei anticorrupção**: lei 12.846/2013, 2. ed. rev. atual e ampl. São Paulo: Revista dos Tribunais, 2015.

BORBA, José Edwaldo Tavares. **Direito Societário**, 12. ed, São Paulo, Renovar, 2010.

CALLEGARI, André Luis. A ação penal 470 e os limites da responsabilidade penal dos agentes financeiros. **Instituto Brasileiro de Ciências Criminais**. Boletim 242, jan. 2012. Disponível em <https://www.ibccrim.org.br/boletim_artigo/4802-A-Acao-Penal-470-e-os-limites-da-responsabilidade-penal-dos-agentes-financeiros>. Acesso em 10 ago. 2016.

---

[68] ROXIN, op. cit, p. 75.

Capez, Fernando. **Curso de direito penal**: parte geral. 16. ed. São Paulo: Saraiva, 2012.

Coelho, Fabio Ulhoa. **Curso de direito comercial**. v. 2. 9. ed. São Paulo: Saraiva, 2006.

Costa Jr, Paulo José da. **Comentários ao código penal**. v.1. São Paulo: Saraiva, 1986.

Dal Pozzo, Antonio Araldo Ferraz; Dal Pozzo, Augusto das Neves; Dal Pozzo, Beatriz; Facchinatto, Renan Marcondes. **Lei Anticorrupção**: apontamentos sobre a Lei n. 12.846/2013. 2. ed. rev. e atual. de acordo com o Decreto 8.420/2015 e o novo Código de Processo Civil. São Paulo: Editora Contracorrente, 2015.

Diniz, Davi Monteiro; Neves, Rubia Carneiro. Responsabilidade do administrador de sociedade empresarial perante terceiros: questão necessária ao combate à corrupção na administração pública. **publicaDireito**. Disponível em: <http://www.publicadireito.com.br/artigos/?cod=b6bcdc5176f139f9>. Acesso em: 15 mai. 2016.

Estefam, André. **Direito penal**: parte geral. 3. ed. São Paulo: Saraiva, 2013.

Ferreira Filho, Manoel Gonçalves. **Curso de direito constitucional**. 33. ed. rev. e atual. São Paulo: Saraiva, 2007.

Greco, Luís; Leite, Alaor; Teixeira, Adriano; Assis, Augusto. **Autoria como domínio do fato**: estudos introdutórios sobre o concurso de pessoas no direito penal brasileiro. São Paulo: Marcial Pons, 2014.

Houaiss, Antonio. **Dicionário eletrônico houaiss**. Rio de Janeiro: Objetiva, 2009.

Lisboa, Roberto Senise. **Manual de direito civil**: direito das obrigações e responsabilidade civil. v.2. 7. ed. São Paulo: Saraiva, 2013.

Macedo, Fausto. O fantasma da teoria do domínio do fato. **Estadão**. 11 ago. 2015. Disponível em <http://politica.estadao.com.br/blogs/fausto-macedo/o-fantasma-da-teoria-do-dominio-do-fato>. Acesso em: 10 ago. 2016.

Mendes, Gilmar Ferreira. **Curso de direito constitucional**. 9. ed. rev. e atual. São Paulo: Saraiva. 2014.

Mirabete, Júlio Fabbrini; Fabbrini, Renato M. **Manual de direito penal**: parte geral. v.1. 28. ed. São Paulo: Atlas, 2012.

Moraes, Alexandre de. **Direito constitucional**. 19. ed. São Paulo: Atlas, 2006.

Nucci, Guilherme de Souza. **Código penal comentado**. 7. ed. rev., atual. e ampl. São Paulo: Editora Revista dos Tribunais, 2007.

_____. **Manual de direito penal**: parte geral, parte especial. 7. ed. São Paulo: Revista dos Tribunais, 2011.

_____. **Manual de processo penal e execução penal**. 5. ed. rev., atual. e ampl. São Paulo: Editora Revista dos Tribunais, 2008.

PRADO, Luiz Régis. **Curso de direito penal brasileiro**. 12. ed. São Paulo: Revista dos Tribunais, 2013.

ROXIN, Claus. O domínio por organização como forma independente de autoria mediata. **Revista Eletrônica Acadêmica de Direito**, v. 4., n.3., p. 69-94, nov. 2009. Disponível em: <http://www.panoptica.org/seer/index.php/op/article/view/Op_4.3_2009_69-94/94>. Acesso em 24 ago. 2016.

SCOCUGLIA, Livia. Claus Roxin critica aplicação atual da teoria do domínio do fato. **Consultor Jurídico**. São Paulo, 1 set. 2014. Disponível em: <http://www.conjur.com.br/2014-set-01/claus-roxin-critica-aplicacao--atual-teoria-dominio-fato>. Acesso em: 15 mai. 2016.

VENOSA, Silvio de Salvo. **Direito civil**: responsabilidade civil. v.4. 7. ed. São Paulo: Atlas, 2007.

WELZEL, Hans. **Derecho penal aleman**: parte general. 11 ed. Santiago de Chile: Editorial Juridica de Chile, 1997. Tradução de Juan Bustos Ramírez e Sergio Yáñez Pérez.

Documento jurídico

BRASIL. Supremo Tribunal Federal. Ação Penal nº 470. Ministério Público Federal e José Dirceu de Oliveira e Silva e outros. Relator: Ministro Joaquim Barbosa. Brasília, 17 dez. 2012. Disponível em: <ftp://ftp.stf.jus.br/ap470/InteiroTeor_AP470.pdf>. Acesso em: 08 ago. 2016.

Enquadramento das Sociedades de Propósito Específico (SPE) com Patrimônio de Afetação na Recuperação Judicial de Incorporadora Imobiliária

Aline da Silva Gomes

1. Introdução

Nos últimos anos, tornaram-se notórias as consequências da atual crise econômico-financeira do país sobre o setor imobiliário. Em pesquisa realizada pela KPMG Internacional Cooperative no Brasil, é possível observar que houve um aumento de pedidos de recuperação judicial por incorporadoras e construtoras em 2014 devido à redução da disponibilidade de liquidez ofertada a este setor.

Cabe ressaltar que os mecanismos que geraram o impacto negativo nas empresas do setor imobiliário ocorreram por uma série de fatores, com destaque: (i) a redução da oferta de crédito, dado o aumento na taxa de juros nos últimos três anos; (ii) a diminuição da renda disponível para o consumo de produtos de *ticket* e prazo elevado, como imóveis, que demandam altos desembolsos iniciais e compromisso com financiamento de longo prazo (que podem chegar a dezenas de anos); e (iii) o excesso de oferta de unidades imobiliárias.

O mercado imobiliário brasileiro havia passado por um momento de aceleração de 2006 a 2012, impulsionado pelo aumento da oferta de crédito ao setor, que alavancou também a demanda, ocasionando uma grande expansão na oferta de imóveis. Investidores, conhecidos por *"flippers"*, especulavam no mercado imobiliário e adquiriam várias unidades simultaneamente na planta, pois quando os imóveis eram entregues pelas incorporadoras, eles obtinham lucros substanciais e os revendiam na sequência.

Tais fatores em conjunto culminaram em uma desaceleração no mercado, retroalimentada ao longo dos últimos anos, seguindo a lógica: (i) redução da demanda por novas unidades gerou um aumento nos estoques de imóveis; (ii) aumento nos estoques permitiu redução de preços, o que foi notado por compradores dadas as promoções das incorporadoras; e (iii) os consumidores, acompanhando a redução dos preços e a queda do seu poder aquisitivo, foram indiretamente estimulados a distratar a compra de imóveis, seja substituindo-os por unidades de menor preço ou simplesmente cancelando a compra das unidades para ressarcimento dos valores previamente pagos.

Outrossim, dada a regulamentação que trata do distrato de imóveis, que obriga as incorporadoras a devolver aos consumidores de 90% a 100% dos valores efetivamente pagos, e com o preço de mercado dos imóveis abaixo do valor de compra, os consumidores se viram em posição de: (i) barganhar pela redução no preço das unidades já adquiridas; (ii) distratar a compra dos imóveis; ou (iii) assumir o prejuízo com a compra das unidades acima do valor de mercado.

Diante desse cenário econômico-financeiro do setor imobiliário, as incorporadoras e construtoras precisaram enfrentar uma situação de excesso de estoque com redução sequencial de seu caixa em decorrência do aumento dos distratos, em um momento no qual a demanda por novos empreendimentos estava bastante reprimida. Além disso, as construtoras haviam lançado uma série de empreendimentos, o que gerou pressão adicional sobre o caixa das companhias.

A consequente falta de liquidez advinda da necessidade de: (i) finalizar obras em andamento; e (ii) devolver valores previamente pagos por compradores que estavam distratando vendas reduziu a capacidade das companhias de honrar seus compromissos com fornecedores e bancos, levando a um aumento dos pedidos de recuperação judicial dessas empresas.

Uma vez que as construtoras são estruturadas a partir de uma série de sociedades de propósito específico, criadas individualmente para cada empreendimento, levanta-se o questionamento sobre como tais SPEs, cada qual com um patrimônio de afetação separado do patrimônio da incorporadora, seriam tratadas dentro da recuperação judicial.

Isso porque, como será melhor detalhado adiante, o regime de afetação possui legislação própria, a Lei nº 4.591/64, sendo apenas tratado na Lei nº 11.101/05 nos casos de falência da empresa, havendo total omissão legislativa para os casos de recuperação judicial das incorporadoras e construtoras que ainda possuem empreendimentos em construção e sociedades de propósito específico em operação pertencentes ao seu grupo com patrimônio de afetação.

Assim, até o momento processual dos casos práticos analisados pelo presente trabalho, observou-se que inicialmente a estrutura da recuperação judicial das companhias do setor imobiliário poderia se basear nas seguintes opções: (i) realizar uma recuperação judicial para cada sociedade de propósito específico, uma vez que possuem patrimônio de afetação e credores próprios que não podem ser confundidos com outras companhias dentro do mesmo grupo econômico; (ii) não incluir as SPEs com patrimônio de afetação no procedimento recuperacional, cabendo aos credores executarem o patrimônio de afetação na forma da legislação específica; ou (iii) incluir no polo ativo do pedido de recuperação judicial da incorporadora todos os credores, entendendo-se tratar de um grupo econômico, consubstancial e processualmente constituído.

Qualquer que seja a opção adotada, dever-se-á respeitar a Lei de Recuperação Judicial, que apresenta, em seu artigo 47, o objetivo do pedido, qual seja: a preservação da atividade da empresa, a fim de que siga a produzir riqueza e gerar empregos. A legislação criou então esse instituto para que as empresas em situação financeira debilitada que pretendam continuar com as suas atividades empresariais possam buscar soerguimento financeiro por apresentarem capacidade de superar a crise e continuar a devolver benefícios à sociedade.

Dessa forma, sendo certo que as legislações relativas ao patrimônio de afetação e à recuperação judicial são omissas quanto ao enquadramento das SPEs que possuem regime de afetação, o que se pretende com o presente trabalho é analisar as características de cada instituto – a existência do patrimônio de afetação no setor imobiliário e o procedimento de recuperação judicial de empresas disciplinado pela Lei nº 11.101/05 – seguido da contextualização sobre quais fundamentos tais institutos estão sendo enquadrados pela jurisprudência e pelas decisões judiciais em casos concretos.

Para tanto, o procedimento de recuperação judicial e o patrimônio de afetação utilizado no setor imobiliário serão melhor detalhados individualmente adiante para possibilitar o entendimento adotado nos tribunais sobre o enquadramento desses dois institutos, com destaque para o caso que envolve o Grupo Viver, uma das primeiras grandes incorporadoras a pedir recuperação judicial no país, incluindo todas suas SPEs, inclusive aquelas com patrimônio de afetação, em seu pedido recuperacional, trazendo à tona a omissão legislativa mencionada previamente e forçando os magistrados e doutrinadores a adotar um posicionamento sobre o tema.

A análise deste caso concreto é importante para observar como a omissão legislativa sobre o enquadramento das SPEs com patrimônio de afetação no pedido recuperacional está sendo tratada pelos tribunais, especialmente pelas varas especializadas em falência e recuperação judicial de empresas do Estado de São Paulo.

1. Estrutura societária e patrimonial utilizada no mercado imobiliário

De início, é importante determinar as características principais das SPEs e do patrimônio de afetação, utilizadas corriqueiramente no mercado imobiliário. Como restará melhor explicitado a seguir, o emprego desse tipo de sociedade e o surgimento do patrimônio de afetação teve origem com a concordata e posterior falência da Encol S.A., em março de 1999, tendo a finalidade de proteger os adquirentes das unidades imobiliárias para que as incorporadoras e construtoras não aplicassem os rendimentos de um empreendimento para financiar os demais.

Nesse sentido, esclarece o professor e advogado, Eduardo Takemi Kataoka[1]:

> A criação do patrimônio de afetação na incorporação imobiliária teve o propósito de evitar que o incorporador desviasse o

---

[1] KATAOKA, Eduardo Takemi. A recuperação judicial e o patrimônio de afetação. **Revista dos Tribunais Rio de Janeiro**, v.8, p. 1-19, nov. / dez. 2014. Disponível em: <http://revistadostribunais.com.br/maf/app/widgetshomepage/resultList/document?&src=rl&srguid=i0ad8181500000154f2454a9089ef5c39&docguid=Ia90c9e10c6ee11e4892c010000000000&hitguid=Ia90c9e10c6ee11e4892c010000000000&spos=1&epos=1&td=14&context=45&startChunk=1&endChunk=1#> Acesso em: 20 mai. 2016. (paginação da versão eletrônica difere da versão impressa).

financiamento de uma obra para outras, deixando desguarnecidos os adquirentes das unidades autônomas. A atuação legislativa foi motivada pela concordata preventiva e posterior falência da Encol S.A. Engenharia, Comércio e Indústria, construtora civil originada em Goiânia, que prejudicou cerca de 42 mil adquirentes e deixou 710 obras inacabadas por todo o Brasil em idos de 1999.

Dessa forma, pretende-se esclarecer as razões e motivações para a regulamentação e o estabelecimento das sociedades de propósito específico e do patrimônio de afetação no mercado imobiliário, possibilitando a melhor compreensão das problemáticas que podem surgir quando confrontadas com os princípios do procedimento de recuperação judicial, analisados no próximo capítulo.

1.1. Patrimônio de afetação

No direito brasileiro, o regime de afetação patrimonial na incorporação imobiliária surgiu com a Medida Provisória nº 2.221/01, a qual alterou a Lei nº 4.591/64, instituindo o patrimônio de afetação nas incorporações imobiliárias. Posteriormente, a Medida Provisória nº 2.221/01 foi revogada pela Lei nº 10.931/04.

Como já mencionado, esse regime surgiu com o objetivo de recuperar a segurança e confiança no mercado imobiliário, abalada após a crise decorrente da decretação da falência da Encol S/A. Engenharia, Indústria e Comércio.

Aliás, Melhim Namem Chalhub[2], um dos autores da legislação específica em análise, esclarece:

---

[2] CHALHUB, Melhim Namem. A incorporação imobiliária como patrimônio de afetação – a teoria da afetação e sua aplicação às incorporações imobiliárias. Comentários à MedProv 2.221, de 04.09.2001. **Doutrinas Essenciais de Direito Registral**. v.4, p. 1-42, dez. 2011. Disponível em: <http://revistadostribunais.com.br/maf/app/widgetshomepage/resultList/document?&src=rl&srguid=i0ad6007a00000154f3891d72a02484a3&docguid=I81380b80f25511dfab6f01

A afetação visa a garantir que as receitas de cada incorporação sejam rigorosamente aplicadas na realização do respectivo empreendimento, impedindo o desvio de recursos de um empreendimento para outro ou para as obrigações gerais da empresa incorporadora, que sejam estranhas às obrigações vinculadas ao empreendimento afetado. Por esse modo, a afetação atende a necessidade de conferir tutela especial a todos quantos contribuíram para a realização da obra, sejam aqueles que tenham contribuído para erigir o edifício com seu esforço pessoal – os trabalhadores – ou aqueles que a financiaram com seus recursos – os adquirentes e as entidades financiadoras – e, ainda, os credores preferenciais por créditos previdenciários e fiscais vinculados ao negócio.

Assim, o regime de afetação pretende assegurar direitos aos adquirentes de unidades autônomas de edifício em construção no caso de falência do incorporador, resgatando sua confiança no mercado imobiliário, e aperfeiçoar as relações jurídicas e econômicas entre adquirentes, incorporador e agente financiador da obra.

A afetação não importa em disposição, destaque ou saída daquela parcela de bens e direitos do patrimônio geral, mas em indisponibilidade, eivando de nulidade o ato de alienação e assegurando ao beneficiário o direito de sequela, caso transferida total ou parcialmente para o patrimônio de outrem.

Por sua vez, a sociedade de propósito específico é utilizada no ramo imobiliário exatamente para representar uma sociedade constituída fora do corpo de sua controladora, sendo esta insculpida em uma das formas societárias pré-existentes no direito brasileiro.

0000000000&hitguid=I81380b80f25511dfab6f010000000000&spos=5&epos=5&td=52&context=97&startChunk=1&endChunk=1#>. Acesso em: 22 mai. 2016. (paginação da versão eletrônica difere da versão impressa).

Logo, é comum que cada empreendimento possua uma sociedade de propósito específico responsável por seu desenvolvimento, demonstrando a separação de patrimônio entre cada empreendimento e a incorporadora ou construtora.

Já a incorporação imobiliária, segundo o artigo 28, parágrafo único, da Lei nº 4.591/64, consiste na "atividade exercida com o intuito de promover e realizar a construção, para alienação total ou parcial, de edificações ou conjunto de edificações compostas de unidades autônomas".

A Lei nº 4.591/64, em seu artigo 31-A, expressamente dispõe que o regime de afetação é uma faculdade do incorporador. Outrossim, a legislação confere a possibilidade do incorporador instituir o regime de afetação a qualquer tempo, de forma parcial ou total.

Quanto aos efeitos do patrimônio de afetação, eles tornam indisponíveis os bens e direitos segregados no patrimônio, que somente poderão ser objeto de garantia real em operações de crédito para captação de recursos integralmente destinados à consecução do empreendimento.

Logo, os recursos financeiros do patrimônio de afetação, inclusive o produto da cessão, plena ou fiduciária, de direitos creditórios oriundos da comercialização das unidades imobiliárias devem ser mantidos em conta de depósito específica e utilizados exclusivamente para pagamento ou reembolso das despesas inerentes à incorporação.

A contratação de financiamento e constituição de garantias pelo incorporador ou pelo construtor, inclusive mediante transmissão para o credor da propriedade fiduciária sobre as unidades imobiliárias integrantes da incorporação, bem como a cessão, plena ou fiduciária, de direitos creditórios decorrentes da comercialização dessas unidades, não transfere ao credor nenhuma das responsabilidades do cedente, permanecendo este como único responsável pelas obrigações e pelos deveres que lhes são imputáveis.

Dessa forma, o incorporador permanecerá responsável pelo pagamento das quotas de construção correspondentes às acessões vinculadas a frações ideais não comercializadas até que a responsabilidade pela sua construção seja assumida por terceiros.

Segundo o artigo 31-E, da Lei nº 4.591/64, o patrimônio de afetação será extinto nas seguintes hipóteses: (i) averbação da construção, registro dos títulos de domínio ou de direito de aquisição em nome dos respectivos adquirentes e, quando for o caso, extinção das obrigações do incorporador perante a instituição financiadora do empreendimento; (ii) revogação em razão de denúncia da incorporação, depois de restituídas aos adquirentes as quantias por eles pagas (nos termos do artigo 36, da Lei nº 4.591/64); e (iii) liquidação deliberada pela assembleia geral realizada pelo condomínio dos adquirentes das unidades daquele empreendimento com regime de afetação.

A Lei nº 4.591/64 ainda trata, no artigo 31-F, com a redação alterada pela Lei nº 10.931/04, especificamente do patrimônio de afetação nos casos de falência e insolvência civil do incorporador, não havendo qualquer menção destinada aos casos de recuperação judicial.

Assim, nos casos de falência ou insolvência civil do incorporador, os efeitos desses procedimentos "não atingem os patrimônios de afetação constituídos, não integrando a massa concursal, o terreno, as acessões e demais bens, direitos creditórios, obrigações e encargos objeto da incorporação".

A legislação específica dispõe ainda que, nos próximos 60 dias seguintes à decretação da falência ou da insolvência civil, o condomínio de adquirentes de unidades daquele empreendimento, ou a instituição financiadora, poderão realizar uma assembleia geral para instituir o condomínio da construção e deliberar sobre os termos da continuação da obra ou da liquidação do patrimônio de afetação.

Cabe destacar o posicionamento do advogado Mauro Antônio Rocha[3] sobre a proteção conferida pelo regime de afetação legalmente disciplinado:

> A afetação patrimonial, como foi colocada, pode ser eficaz para a garantia da consecução da incorporação, no sentido literal de ação, encadeamento, seqüência das obras, até a ocorrência do evento danoso. Decretada a falência ou insolvência civil do incorporador poderá até mostrar-se capaz de oferecer proteção patrimonial e propiciar a imediata recuperação dos patrimônios individuais ali investidos. A partir daí, no entanto, os adquirentes deverão assumir a conta e o risco do empreendimento e decidir sobre a liquidação do patrimônio de afetação ou dar continuidade à obra, nada havendo no dispositivo legal que lhes garanta a entrega das unidades imobiliárias.

Diante do exposto, verifica-se que as legislações que especificamente detalham e instituem o patrimônio de afetação não conferem garantia plena sobre a entrega das unidades ao tratar apenas de regime em caso de falência ou insolvência civil. Determinam apenas que o patrimônio afetado por aquele empreendimento não seria atingido pela insolvência de qualquer outro empreendimento ou pela falência da incorporadora, sendo inerte quanto à possibilidade de recuperação judicial da incorporadora, bem como não constituem segurança para a entrega das unidades, deixando por conta e risco dos adquirentes dar continuidade às obras caso pretendam efetivamente receber os imóveis.

---

[3] ROCHA, Mauro Antônio. O Regime da Afetação Patrimonial na Incorporação Imobiliária. **IRIB. Instituto de Registro imobiliário do Brasil**. Disponível em: <http://www.irib.org.br/obras/o-regime-da-afetacao-patrimonial-na-incorporacao-imobiliaria#_edn2>. Acesso em: 19 nov. 2016.

1.2. Sociedades de propósito específico

Sobre o surgimento das sociedades de propósito específico na legislação brasileira, Leonardo Guimarães[4] lembra que:

> a primeira referência de uma norma cogente prevendo a criação de uma estrutura símile à SPE no Brasil se encontra consubstanciada na Portaria 107, emitida pelo Instituto Brasileiro de Desenvolvimento Florestal – IBDF, a qual institui o chamado consórcio societário, determinando que a conjugação empresarial visando a venda, no exterior, das mercadorias ali elencadas se fizesse mediante a criação de um ente, dotado de 'personalidade jurídica, revestindo a forma de sociedade comercial, organizada por instrumento público ou particular e com seus atos constitutivos arquivados na repartição ou órgão competente' (art. 11).

Cabe destacar que a SPE não constitui um novo tipo societário na ordem jurídica brasileira, uma vez que ela se organiza sempre sob uma das formas previstas pela legislação (sociedade limitada, companhia etc.). Logo, o que a diferencia não é a forma como se constitui, mas para qual finalidade é criada, consubstanciada em uma pessoa jurídica distinta das demais sociedades para a realização do objetivo comum.

Consoante dispõe o parágrafo único do artigo 981 do Código Civil de 2002, no qual lê-se que as sociedades podem ter sua atividade restrita à realização de um ou mais negócios determinados, se enquadrando nesta possibilidade a existência de SPEs para cada empreendimento imobiliário.

---

[4] GUIMARÃES, Leonardo. A SPE – Sociedade de propósito específico. **Revista de Direito Mercantil, Industrial, Econômico e Financeiro**, n. 125, p. 1-14, jan. 2002. Disponível em: <http://vlex.com/vid/spe-sociedade-proposito-especifico-582041526> Acesso em: 24 out. 2016. (paginação da versão eletrônica difere da versão impressa).

Diante disso, fica clara a utilização de uma SPE para a construção e exploração de um empreendimento imobiliário. Aliás, o fato de criar uma sociedade específica para cada empreendimento coaduna com o objetivo do patrimônio de afetação, distinguindo cada projeto de sua incorporadora.

Exatamente pelo fato da SPE existir apenas para cumprir uma finalidade determinada consubstanciada na finalização do projeto imobiliário, bem como o mercado imobiliário criar uma nova SPE para cada empreendimento, surge o questionamento se a SPE poderia entrar no regime de recuperação judicial, uma vez que sua causa de existir por ser determinada e restrita a um único empreendimento divergiria do objetivo desse procedimento judicial, que prevê a continuidade da atividade empresarial.

Assim, o que se indaga é que na realidade a atividade imobiliária apenas tem continuidade na incorporadora ou na construtora, como prevista na LRF, sendo suas SPEs institutos que não buscam a finalidade social e econômica, mas tão somente finalizar o empreendimento.

Por outro lado, visualiza-se que a perpetuação da atividade da incorporadora está exatamente ligada às SPEs, ou seja, essas sociedades são os mecanismos utilizados para a prática da atividade imobiliária. Logo, as SPEs poderiam participar do regime recuperacional, pois sua existência determina a continuidade social e econômica da atividade da incorporadora.

No entanto, é possível notar, nos casos de recuperação judicial de incorporadoras e construtoras, que a participação da SPE é questionada não por sua existência, mas pelo fato do empreendimento ao qual está ligada possuir ou não o patrimônio de afetação, o que será detalhado nos próximos capítulos.

2. Objetivos da recuperação judicial. Princípio da preservação da empresa

O presente trabalho não tem como objetivo explicar em detalhes o procedimento de recuperação judicial, regulamentado pela Lei nº 11.101/05, mas especificar os objetivos desse regime recuperacional e suas principais características que possam levar ao confronto com os institutos aqui analisados.

O artigo 47 da Lei nº 11.101/05 dispõe sobre o objetivo do pedido recuperacional, o qual pretende "viabilizar a superação da situação de crise econômico-financeira do devedor, a fim de permitir a manutenção da fonte produtora, do emprego dos trabalhadores e dos interesses dos credores, promovendo, assim, a preservação da empresa, sua função social e o estímulo à atividade econômica". Sobre este tema, convém destacar o comentário apresentado por Manoel Justino Bezerra Filho[5]:

> 1. A recuperação judicial destina-se às empresas que estejam em situação de crise econômico-financeira, com possibilidade, porém, de superação; pois aquelas em tal estado, mas em crise de natureza insuperável, devem ter sua falência decretada, até para que não se tornem elemento de perturbação do bom andamento das relações econômicas do mercado. Tal tentativa de recuperação prende-se, como já lembrado acima, ao valor social da empresa em funcionamento, que deve ser preservado não só pelo incremento da produção, como, principalmente, pela manutenção do emprego, elemento de paz social.

Segundo o doutrinador, este objetivo recuperacional teria sido estabelecido em uma ordem de prioridade inaugurada pela

---

[5] FILHO, Manoel Justino Bezerra. **Lei de recuperação de empresas e falência**: Lei 11.101/2005 Comentada artigo por artigo. 11 ed, São Paulo: Editora Revista dos Tribunais, 2016. p. 155.

preservação da fonte de empregos e da atividade empresarial, o que, por sua vez, possibilitaria a satisfação dos credores. No entanto, ele ressalva que "para a boa aplicação da lei deve haver ponderação de fins e princípios, sempre tendo em vista que a solução do conflito em si será casuística, condicionada pelas alternativas que se apresentem como hábeis para a solução do problema".

O jurista e professor Daniel Carnio Costa[6], titular na 1ª Vara de Falências e Recuperações Judiciais da Comarca de São Paulo, esclareceu que "o modelo de recuperação judicial brasileiro é baseado na divisão equilibrada de ônus entre devedor e credores a fim de que se possa obter os benefícios sociais e econômicos que decorrem da recuperação da empresa".

Assim, para que os objetivos do regime recuperacional sejam efetivamente alcançados é preciso observar as particularidades de cada caso, a fim de que os princípios e as regras da LRF sejam aplicados com a devida ponderação e possam alcançar o soerguimento da empresa e a satisfação de seus credores.

Diante desse cenário e sendo certo que a legislação não abrange todas as situações que possam surgir no procedimento recuperacional, tem-se observado, nas recuperações judiciais, decisões baseadas única e exclusivamente no objetivo final do procedimento, justificando um pequeno prejuízo inicial aos credores com o benefício final de soerguimento da empresa.

Por conta disso, o que se pode concluir é que não há uma regra certa e estática para dada situação, pois é preciso observar as particularidades daquela empresa e seus credores, a fim de que se possa alcançar a justa ponderação entre princípios para a resolução eficiente do problema, visando sempre a pre-

---

[6] COSTA, Daniel Carnio. Princípio da divisão equilibrada de ônus na recuperação judicial de empresas. **Revista Científica Integrada Unaerp**, São Paulo, ed especial, p. 1-5, março 2014. Disponível em: <http://www.unaerp.br/revista-cientifica-integrada/edicoes-especiais/1682-65-1/file>. Acesso em: 07 nov. 2016.

servação da empresa de forma a garantir os benefícios sociais e econômicos pretendidos pela LRF.

3. A falência e o patrimônio de afetação

De início, cabe destacar que o artigo 119, inciso IX, da Lei nº 11.101/05, expressamente prevê a separação dos bens, direitos e obrigações do patrimônio afetado e do patrimônio principal do falido. Somente com a finalização da incorporação ou com o advento do termo poderá o administrador judicial arrecadar o saldo remanescente do patrimônio afetado em favor do falido ou inscrever no Quadro Geral de Credores o crédito correspondente às dívidas do passivo do patrimônio afetado.

Convém ressaltar ainda que quaisquer contribuições vertidas pelos adquirentes das unidades autônomas para a realização das obras integrarão o patrimônio afetado e não a massa falida do incorporador. Aliás, cabe o entendimento doutrinário[7]: "as quotas mensais, cobradas dos compromissários, para realização das obras, serão destinadas ao empreendimento. Não irão para a massa falida".

Outrossim, José Francelino de Araújo[8] já destacou que "enquanto não forem verificadas as condições, a atividade ligada ao patrimônio separado continuará como se inexistisse a falência".

Assim, como a falência do incorporador não atinge o patrimônio afetado pela incorporação, os credores do patrimônio afetado não tomam parte na falência do incorporador, sendo desnecessária a habilitação dos seus créditos e sua inclusão no Quadro Geral de Credores, pois sua satisfação será oriunda

---

[7] FRONTINI, Paulo Salvador. SOUZA JUNIOR, Francisco Satiro de; PITOMBO, Antônio Sérgio A. de Moraes (coord.). **Comentários à Lei de Recuperação de Empresas e Falência**. São Paulo: Revista dos Tribunais, 2007, p. 453.

[8] ARAÚJO, José Francelino de. **Comentários à Lei de Falências e Recuperação de Empresas**. São Paulo: Saraiva, 2009, p. 258.

do ativo do patrimônio de afetação. Apenas no caso de não ser possível a inteira satisfação dos credores do patrimônio de afetação, o patrimônio principal do incorporador responderá subsidiariamente.

Cumpre destacar, contudo, que o artigo 76 da Medida Provisória nº 2.158-35/2001, atualmente em vigor por força do artigo 2º da Emenda Constitucional nº 32/2001, criou exceções à regra geral de segregação, permitindo que os credores trabalhistas, fiscais e previdenciários do patrimônio principal busquem a satisfação dos seus créditos junto ao patrimônio de afetação.

Para que isso seja possível, no entanto, é necessário que o patrimônio principal da massa falida tenha se exaurido ou não haja recursos para satisfazer as dívidas, que seja respeitada a ordem no pagamento dos créditos, de tal modo que os créditos trabalhistas sejam pagos em primeiro lugar, seguidos dos créditos fiscais e previdenciários, e que os recursos obtidos pela massa falida posteriormente à satisfação dos referidos créditos pelo patrimônio de afetação sejam dirigidos à reposição do ativo separado, a fim de evitar o enriquecimento das demais classes de credores às custas dos adquirentes, beneficiados pelo patrimônio de afetação.

Diante do exposto, verifica-se que a LRF tratou de forma específica do patrimônio de afetação apenas nos casos de falência da controladora, não apresentando qualquer disposição determinada para os casos de recuperação judicial, motivo pelo qual surge a dúvida sobre sua interpretação extensiva também aos casos de recuperação judicial.

Como será abordado no próximo capítulo, a omissão legislativa permitiu várias possibilidades de interpretação do artigo 119 da LRF aos casos de recuperação judicial de incorporadoras com sociedades de propósito específico ativas e com patrimônio de afetação, tais como a análise da situação de forma econômica, buscando o objetivo final do procedimento recuperacional, voltado para a preservação da atividade da empresa e seus benefícios sociais e econômicos.

Assim, a ausência de um dispositivo legal específico, bem como as particularidades de cada caso, têm levado a decisões distintas sobre o enquadramento das sociedades de propósito específico do ramo imobiliário nas recuperações judiciais.

4. Análise do conflito jurídico contemporâneo no setor imobiliário

Após a breve apresentação dos institutos analisados neste trabalho, torna-se necessária a leitura do conflito atual em andamento no ambiente jurídico.

Como se sabe, cada empresa que realiza o pedido de recuperação judicial possui particularidades, não havendo um padrão absoluto, mas regras básicas trazidas pela legislação especial que devem ser ajustadas a cada caso concreto.

Diante disso, apesar das peculiaridades do pedido de recuperação judicial realizado pelo Grupo Viver, analisado na sequência, o que se busca com o presente trabalho é verificar a interpretação atual sobre a aplicação do patrimônio de afetação no pedido recuperacional, principalmente quanto ao enquadramento das SPEs que ainda possuem regime de afetação.

Dessa forma, serão levantadas as interpretações dadas à Lei nº 11.101/05 frente às particularidades existentes nas sociedades de propósito específico do ramo imobiliário e seu patrimônio de afetação.

4.1. Litisconsórcio ativo. Existência de grupo econômico. Patrimônio de afetação

Para entender o dilema sobre como as SPEs com patrimônio de afetação devem ser enquadradas no pedido recuperacional das incorporadoras e construtoras foi necessário analisar alguns casos práticos, uma vez que, como já mencionado, a legislação não é clara nem específica quanto ao tratamento que deve ser despendido para o patrimônio de afetação em caso de recuperação judicial da incorporadora ou construtora.

Tendo em vista a objetividade pretendida com o estudo sobre o tema e o recente pedido de recuperação judicial realizado pelo Grupo Viver, uma das maiores incorporadoras e construtoras do país, que motivou esta pesquisa, seu caso será usado como base para a análise do entendimento jurisprudencial que está se formando sobre o enquadramento das SPEs com patrimônio de afetação no pedido recuperacional.

O Grupo Viver distribuiu, em setembro de 2016, seu pedido de recuperação judicial fundamentado de forma conjunta (incorporadora e suas 63 SPEs, sendo que algumas destas empresas ainda possuíam patrimônio de afetação): (i) na interligação e interdependência existente entre as sociedades; (ii) na existência de contratos com garantias recíprocas entre as sociedades; (iii) na existência de controladores comuns; e (iv) no compartilhamento dos mesmos objetivos entre as sociedades[9].

O magistrado responsável pela análise do pedido recuperacional realizado pelo Grupo Viver, Paulo Furtado de Oliveira Filho, juiz titular da 2ª Vara de Falências e Recuperações Judiciais da Capital do Estado de São Paulo, deferiu o processamento do pedido recuperacional, entendendo "patente a existência de um grupo societário, com controle comum de inúmeras sociedades de propósito específico, o que autoriza o

---

[9] BRASIL. Petição Inicial. Grupo Viver. São Paulo, 16 set. 2016. **Tribunal de Justiça do Estado de São Paulo**, São Paulo, Processo nº 1103236-83.2016.8.26.0100, 2ª Vara de Falências e Recuperações Judiciais, fls. 01/42. Disponível em: <https://esaj.tjsp.jus.br/cpopg/show.do?processo.foro=100&processo.codigo=2S000MP8Y0000&gateway=true>. Acesso em: 24 out. 2016.

pedido de recuperação em litisconsórcio, a denominada consolidação processual"[10].

Sobre a possibilidade do pedido recuperacional acontecer de forma conjunta, Fábio Ulhoa Coelho[11] ensina que:

> a lei não cuida da hipótese, mas tem sido admitido o litisconsórcio ativo na recuperação, desde que as sociedades empresárias requerentes integrem o mesmo grupo econômico, de fato ou de direito, e atendam, obviamente, todas aos requisitos legais de acesso à medida judicial.

Assim, a consolidação processual configura-se na possibilidade do andamento em um mesmo processo do pedido recuperacional de várias empresas, sem consolidação dos ativos e passivos das recuperandas, e a consolidação substancial traz a possibilidade de união dos ativos e passivos dessas empresas para que se configure um pedido recuperacional efetivamente em grupo.

Aliás, no caso do Grupo Viver, o magistrado entendeu que apesar de se verificar a consolidação processual das empresas requerentes, seria necessária a realização de um relatório preliminar da Administradora Judicial nomeada, KPMG Corporate Finance Ltda, para verificar a possibilidade de consolidação substancial das empresas do grupo.

---

[10] BRASIL. Decisão Judicial. Grupo Viver. São Paulo, 29 setembro 2016. **Tribunal de Justiça do Estado de São Paulo**, São Paulo, Processo nº 1103236-83.2016.8.26.0100, 2ª Vara de Falências e Recuperações Judiciais, fls. 3868/3875, set 16. Disponível em: <https://esaj.tjsp.jus.br/cpopg/show.do?processo.foro=100&processo.codigo=2S000MP8Y0000&gateway=true>. Acesso em: 24 out. 2016.

[11] COELHO, Fábio Ulhoa. **Comentários à Lei de falências e de recuperação de empresas**. 7 ed, São Paulo: Editora Revista dos Tribunais, 2010. p. 139

Sobre o assunto da consolidação processual e substancial no caso de pedido de recuperação realizado por um grupo de empresas, cabem os esclarecimentos prestados pela professora Sheila Neder Cerezetti[12] no parecer apresentado nos autos do pedido recuperacional do Grupo Viver:

> Na linguagem do direito da empresa em crise, o litisconsórcio ativo em pedido de recuperação é denominado consolidação processual. Trata-se da unificação dos procedimentos da recuperação judicial de cada sociedade que compõe o grupo, com vistas a facilitar a estruturação da(s) medida(s) de solução da(s) crise(s). Ela permite o alinhamento das mais diversas fases da caminhada processual da recuperação judicial das devedoras. Pode-se, assim, falar na atuação de apenas um administrador judicial, na atuação conjunta de comitês de credores, na simplificação da apuração de créditos, na facilitada troca de informações para que se obtenha precisa compreensão da situação societária e financeira das devedoras, e na adoção dos mesmos prazos processuais para os importantes momentos da recuperação.
>
> A admissão da consolidação processual abre portas para que, se este for o caso, uma outra forma de união – já não apenas formal – seja adotada. Fala-se, então, na consolidação substancial em recuperação judicial. Esta consiste na conjunção de dívidas concursais e ativos das sociedades, que passam a responder perante todo o conjunto de credores, desconsiderando-se o fato de que cada devedora teria gerado um específico passivo.

---

[12] BRASIL. Parecer Jurídico. Professora Doutora da Faculdade de Direito da Universidade de São Paulo Sheila Neder Cerezetti. São Paulo, 17 out. 2016. **Tribunal de Justiça do Estado de São Paulo**, São Paulo, Processo nº 1103236-83.2016.8.26.0100, 2ª Vara de Falências e Recuperações Judiciais, fls. 5.134/5.160, out 16. Disponível em: <https://esaj.tjsp.jus.br/cpopg/show.do?processo.foro=100&processo.codigo=2S000MP8Y0000&gateway=true>. Acesso em: 24 out. 2016.

Se a consolidação processual é medida menos complexa e que visa a permitir que o processo sirva de efetivo instrumento à mais adequada aplicação do direito material, a consolidação substancial refere-se ao âmago das discussões travadas em sede de recuperação judicial. Ela diz respeito à própria organização da reestruturação empresarial e/ou do passivo a que o instituto concursal se destina.

Segundo Verçosa[13], o que se verifica para haver consolidação substancial é se existe um grupo de sociedades de fato, onde a atividade empresarial desenvolvida pelo grupo necessariamente dependa do desempenho de forma interligada de todas as sociedades envolvidas, ou seja, se o grupo trabalha pelo interesse coletivo e não individual.

Ainda sobre a verificação da consolidação substancial, o jurista Daniel Carnio Costa[14], ensina que:

> Não há uniformidade de decisões no que diz respeito à aplicação da consolidação substancial. Atualmente, é possível identificar a existência de três correntes.
>
> A primeira, mais comum, é aquela que estabelece que haverá consolidação substancial sempre que a evedora (recuperanda) for vista pelo mercado como integrante de um grupo econômico e que os seus credores, ao negociar com a devedora, levam (ou deveriam levar) em consideração a força econômica do grupo de empresas como um todo e o patrimônio das demais integrantes desse conglomerado.

---

[13] VERÇOSA, Haroldo Malheiros Duclerc. **Direito Comercial:** Teoria Geral das Sociedades. As Sociedades em Espécie do Código Civil II. 3 ed, São Paulo: Editora Revista dos Tribunais, 2014. p. 249.

[14] COSTA, Daniel Carnio. Recuperação de grupos de empresas. **Valor Econômico.** São Paulo, março. 2017. Legislação. Disponível em: http://www.valor.com.br/legislacao/4901160/recuperacao-de-grupos-de-empresas. Acesso em: 18 mar. 2017.

A segunda corrente, um pouco mais restritiva, estabelece que além de a devedora (recuperanda) ser vista como integrante de um grupo econômico pelos agentes de mercado, também é preciso que estejam presentes os requisitos autorizadores da aplicação da teoria da personalidade jurídica – definida pelo Código de Processo Civil –, mormente a existência de confusão patrimonial.

A terceira corrente, que vem sendo por mim aplicada na condução de casos perante a 1ª Vara de Falências, Recuperações judiciais e Conflitos relacionados à Arbitragem de São Paulo, propõe que o juiz deverá verificar inicialmente a presença dos seguintes requisitos: *a)* interconexão das empresas do grupo econômico; *b)* existência de garantias cruzadas entre as empresas do grupo econômico; *c)* confusão de patrimônio e de responsabilidade entre as empresas do grupo econômico; *d)* atuação conjunta das empresas integrantes do grupo econômico no mercado; e) existência de coincidência de diretores; *f)* existência de coincidência de composição societária; *g)* relação de controle e/ou dependência entre as empresas integrantes do grupo econômico; *h)* existência de desvio de ativos através de empresas integrantes do grupo econômico.

Presentes esses fatores (que não possuem relação de prioridade entre eles), a definição da existência da consolidação substancial resultará do sopesamento entre os benefícios e prejuízos que sua aplicação trará ao resultado do processo em termos sociais e econômicos. Assim, presentes os requisitos mencionados, será aplicada a consolidação substancial somente se sua aplicação for fundamental para que se consiga manter os benefícios econômicos e sociais que decorrem da preservação da atividade empresarial (empregos, riquezas, produtos, serviços, tributos etc.).

No caso de incorporadoras, porém, além do aspecto acima tratado, também tem se observado a existência de patrimônio de afetação para a configuração ou não da consolidação substancial. Isso porque, alguns magistrados[15], como no caso do Grupo Viver, têm aplicado uma interpretação extensiva do artigo 119 da LRF aos casos de recuperação judicial, entendendo que neste cenário o patrimônio das SPEs em regime de afetação deve ser separado e apresentado um plano de recuperação específico para seus credores.

Dessa forma, como se observa no relatório apresentado pela Administradora Judicial[16] e acompanhado pelo magistrado responsável pelo processo do Grupo Viver, não restou dúvida de que no caso analisado há confusão societária, patrimonial e existência de grupo econômico das empresas pertencentes ao Grupo Viver. Contudo, observando o disposto no artigo 31-F da Lei nº 10.931/04 e na seção VII da LRF, a Administradora Judicial entendeu que a consolidação substancial deveria se limitar àquelas empresas que não possuem patrimônio de afetação, as quais deveriam apresentar relação de credores e Plano de Recuperação Judicial individualizado.

Com relação à r. decisão de fls. 3868/3874, esta Administradora Judicial, pautada em todos os argumentos anteriormente

---

[15] Conforme: BRASIL. 2ª Vara de Falências e Recuperações Judiciais do Foro Central da Comarca de São Paulo. Decisão sobre a consolidação substancial. Recuperação Judicial do Grupo Viver. Juiz: Paulo Furtado de Oliveira Filho. São Paulo, 09 nov. 2016. **Tribunal de Justiça do Estado de São Paulo**, São Paulo, Processo nº 1103236-83.2016.8.26.0100, 2ª Vara de Falências e Recuperações Judiciais, fls. 10.838/10.846, nov.16. Disponível em: <https://esaj.tjsp.jus.br/cpopg/show.do?processo.foro=100&processo.codigo=2S000MP8Y0000&gateway=true>. Acesso em: 10 nov. 2016.

[16] BRASIL. Relatório da Administradora Judicial. Grupo Viver. São Paulo, 16 set. 2016. **Tribunal de Justiça do Estado de São Paulo**, São Paulo, Processo nº 1103236-83.2016.8.26.0100, 2ª Vara de Falências e Recuperações Judiciais, fls. 1079110825, nov. 16. Disponível em: <https://esaj.tjsp.jus.br/cpopg/show.do?processo.foro=100&processo.codigo=2S000MP8Y0000&gateway=true>. Acesso em: 09 nov. 2016.

expostos, tanto nas informações doutrinárias como tomando-se por base as questões organizacionais e jurídicas trazidas pelas Recuperandas, conclui-se que: (i) Não há dúvidas quanto à existência de litisconsórcio ativo necessário, oriundo de grupo de fato entre as sociedades, consubstanciado na existência de confusão interna no sistema organizacional da empresa, com administradores comuns em várias sociedades, bem como a transferência de ativos de uma sociedade para outra; (ii) As Recuperandas compõem grupo societário de fato, no qual a holding "Viver Incorporadora e Construtora S/A.", companhia de capital aberto, é a responsável pelo controle de todo o grupo com caixa único. Tendo em vista os contratos firmados entre as empresas, especialmente os contratos bancários, é possível verificar a constituição de garantias cruzadas firmadas entre várias empresas do grupo. Assim, diante da confusão entre as personalidades jurídicas dos integrantes do grupo econômico, bem como a respectiva confusão operacional e contábil das sociedades empresárias que compõe o pólo ativo do presente processo, a reestruturação de uma das integrantes do grupo depende da reestruturação das demais, e, portanto, há necessidade de se realizar a consolidação substancial entre as Recuperandas. Isso implica em dizer que tais sociedades deverão apresentar um plano único, conferindo tratamento igualitário entre os credores. Porém, considerando que o patrimônio de afetação tem eficácia perante a Recuperação Judicial, esta Administradora Judicial entende que a consolidação substancial deverá ocorrer apenas entre as sociedades que não apresentam patrimônio de afetação em vigência. Conforme dito, o patrimônio de afetação enseja a segregação do patrimônio referente àquele empreendimento em particular. O patrimônio de afetação, como amplamente abordado, resta segregado, de forma que os recursos obtidos naquele empreendimento deverão para este ser destinados. A consequência prática é que tais sociedades deverão apresentar relação de credores própria com apresentação de plano próprio para cada uma delas. Encerrado o patrimônio de afetação, ou seja, cumpridas as obrigações firmadas dentro do escopo do patrimônio de afetação e realizadas as formalidades para averbação de seu encerramento, o saldo que sobrevier poderá ser destinado ao restante do grupo econômico, haja vista que tal numerário é de propriedade da incorporadora, sendo esse livre de qualquer encargo ou gravame.

No entanto, sobre essa extensão da norma falimentar aos casos de recuperação judicial, a professora Sheila Neder Cerezetti[17] salientou que:

> A opção por este tipo de disciplina do patrimônio de afetação em cenário de falência justifica-se. Se, como bem demonstram o percurso legislativo de previsão do patrimônio e a doutrina especializada, a preocupação do legislador era garantir que os adquirentes teriam, se assim desejassem, a possibilidade de finalizar a obra e realizar o sonho da casa própria, nada mais natural do que, na hipótese de antevista liquidação dos bens da incorporadora, permitir a segregação do empreendimento e evitar que os direitos dos adquirentes fossem entendidos como os de simples titulares de posição creditícia.
>
> Ocorre que esta mesma lógica, que muito sentido faz em cenário falimentar, não encontra guarida em casos de recuperação judicial. Nestes, não se está a falar na liquidação de bens e paralização de atividades. Muito pelo contrário. O objetivo, explícito

---

[17] BRASIL. Parecer Jurídico. Professora Doutora da Faculdade de Direito da Universidade de São Paulo Sheila Neder Cerezetti. São Paulo, 17 out. 2016. **Tribunal de Justiça do Estado de São Paulo**, São Paulo, Processo nº 1103236-83.2016.8.26.0100, 2ª Vara de Falências e Recuperações Judiciais, fls. 5.134/5.160, out 16. Disponível em: <https://esaj.tjsp.jus.br/cpopg/show.do?processo.foro=100&processo.codigo=2S000MP8Y0000&gateway=true>. Acesso em: 24 out. 2016.

no art. 47 da Lei 11.101/2005, é manter a fonte produtora. Ora, se é assim, todo o procedimento previsto na Lei de Incorporações a ser empregado na ocorrência da falência torna-se contraditório com a ideia de pensar a reestruturação empresarial como um todo, na medida em que insiste em uma perspectiva individualista e fundada no medo da liquidação.

Portanto, os diferentes propósitos dos institutos concursais, sendo um voltado à eficiente liquidação de ativos e outro à reorganização da atividade empresarial, ante o reconhecimento da função social da empresa (art. 47 da Lei 11.101/2005), tornam inviável a mera aplicação analógica do art. 31-F em sede de recuperação.

Assim, como já apontado neste trabalho, o regime recuperacional pondera os direitos dos credores visando o bem maior que é a preservação da empresa e dos benefícios sociais e econômicos que sua atividade agrega, o que claramente difere do tratamento dado aos direitos dos credores nos casos de falência da empresa, nos quais os direitos são o objetivo final do procedimento falimentar.

Logo, o que se observa é que a omissão do legislador ao tratar do patrimônio de afetação, tanto na LRF como nas Leis nº 4.591/64 e nº 10.931/04, onde o tema é abordado apenas nos casos de falência e insolvência do incorporador, sem mencionar se é permitida ou não sua aplicação extensiva aos casos de recuperação judicial, desencadeou opiniões doutrinárias e jurídicas distintas, o que acarreta, em última análise, a existência de recuperações com a consolidação substancial do grupo composto por incorporadora e SPEs[18] e, em outros casos, apenas a

---

[18] Conforme: BRASIL. 2ª Vara de Falências e Recuperações Judiciais do Foro Central da Comarca de São Paulo. Decisão sobre a consolidação substancial. Recuperação Judicial do Grupo Atlântica. Juiz: Marcelo Barbosa Sacramone. São Paulo, 09 ago. 2016. Tribunal de Justiça do Estado de São Paulo, São Paulo, Processo nº 1132473-02.2015.8.26.0100, 2ª Vara de Falências e Recuperações

consolidação processual do mesmo grupo, como verificado no caso do Grupo Viver.

Sobre essa omissão legislativa, já ponderou o jurista Daniel Carnio Costa[19]:

> A definição de critérios de aplicação da consolidação substancial é de fundamental importância para o desenvolvimento da atividade empresarial no Brasil, na medida em que a uniformidade de entendimentos jurisprudenciais favorece a segurança jurídica, a estabilidade e a previsibilidade de decisões, fatores esses essenciais para o estímulo ao tão necessário e desejado investimento nacional e internacional.
>
> Não havendo, ao menos por enquanto, definição legal de aplicação da consolidação substancial, cabe à jurisprudência dos tribunais exercer esse importante papel de modo a contribuir para a superação da crise brasileira.

Portanto, verifica-se que estamos diante da insegurança jurídica causada pela omissão legislativa, a qual apenas será sanada quando houver estabilidade de decisões proferidas pelos magistrados ou o preenchimento da lacuna legislativa com o advento de uma nova norma regulamentadora.

Conclusão

O quadro geral analisado neste trabalho mostrou que a crise imobiliária iniciada em meados de 2012, decorrente, em síntese, da grande oferta de novos imóveis de construtoras e incorpora-

---

Judiciais, fls. 11158/11159, ago.16. Disponível em: <https://esaj.tjsp.jus.br/cpopg/show.do?processo.codigo=2S000JE440000&processo.foro=100&uuidCaptcha=sajcaptcha_5fbd652c7a204477b33c0f3fe9362b3e>. Acesso em: 10 set. 2016.

[19] COSTA, Daniel Carnio. Princípio da divisão equilibrada de ônus na recuperação judicial de empresas. **Revista Científica Integrada Unaerp**, São Paulo, ed especial, p. 1-5, março 2014. Disponível em: <http://www.unaerp.br/revista-cientifica-integrada/edicoes-especiais/1682-65-1/file>. Acesso em: 07 nov. 2016.

doras combinada à perda de poder aquisitivo dos consumidores e associada ainda à legislação vigente sobre distratos, geraram a perda de liquidez das incorporadoras.

Além disso, temos que, após a concordata e posterior falência da Encol S.A Engenharia, Comércio e Indústria, surgiu a possibilidade de se estabelecer o patrimônio de afetação para cada empreendimento, idealizado através das sociedades de propósito específico, cujo objetivo foi proteger os adquirentes das unidades de cada empreendimento, a fim de que não houvesse confusão entre o patrimônio destinado para cada obra.

No entanto, o patrimônio de afetação não garante a entrega efetiva da unidade imobiliária ao adquirente, uma vez que nos casos de falência ou insolvência do incorporador caberá aos próprios credores, por sua conta e risco, decidir sobre a destinação do patrimônio, seja com a finalização da obra ou divisão das perdas.

Assim, a existência desse patrimônio de afetação fez com que surgisse em alguns casos de recuperação judicial de construtoras e incorporadoras, como no caso do Grupo Viver, a dúvida de como deveriam ser tratadas as sociedades de propósito específico do ramo imobiliário.

Inicialmente os magistrados observaram a existência de grupo econômico processual e substancialmente consolidado. Principalmente quanto à análise da consolidação substancial, o patrimônio de afetação é item essencial para a determinação de sua existência. Isso porque, como ocorreu com o Grupo Viver, foi reconhecida a consolidação processual do grupo econômico, sendo porém, separadas substancialmente às SPEs que possuiam patrimônio de afetação.

No entanto, como foi verificado, a Lei nº 11.101/05 menciona o patrimônio de afetação no capítulo reservado especificamente ao procedimento falimentar, determinando que o ativo não seja incluído na massa falida, sendo apenas o eventual remanescente agregado ao patrimônio do falido.

Da mesma forma, avaliou-se que a Lei nº 4.561/64, que regula o patrimônio de afetação, apenas tratou deste instituto no caso de falência da incorporadora, possibilitando a reunião dos adquirentes para que formassem um condomínio e destinassem os ativos à finalização da obra, concorrendo nos riscos do término.

Assim, a omissão legislativa quanto à possibilidade ou não da aplicação extensiva da regra de segregação do patrimônio de afetação, imposta para os casos de falência e insolvência do incorporador, aos casos de recuperação judicial das incorporadoras e construtoras fez com que magistrados e doutrinadores divergissem sobre esse tema, o que trouxe à tona os questionamentos anteriormente analisados, tais como a formação do litisconsórcio ativo com empresas que possuem patrimônio de afetação e o tratamento que deve ser dado ao regime de afetação no procedimento recuperacional.

No caso do Grupo Viver, o Judiciário entendeu que, até o momento processual analisado por este trabalho, apesar de estar configurada a existência de grupo econômico e litisconsórcio ativo (consolidação processual), o fato de algumas sociedades de propósito específico ainda possuírem patrimônio de afetação faz com que tenham que apresentar um plano de recuperação distinto da incorporadora e especialmente destinado a seus credores.

Isso porque, segundo o relatório apresentado pela Administradora Judicial e a decisão proferida pelo magistrado Paulo Furtado de Oliveira Filho, não estaria configurada a plena consolidação substancial das recuperandas por conta da existência do patrimônio de afetação de algumas SPEs, tendo sido aplicado de forma extensiva o quanto determinado no artigo 119 da LRF.

Em contrassenso, a professora Sheila Neder Cerezetti, em parecer apresentado no processo do Grupo Viver, demonstrou que não é possível realizar na recuperação judicial a interpretação extensiva do tratamento determinado para o patrimônio de afetação nos casos de falência, uma vez que o procedimento falimentar possui objetivos distintos daqueles presentes na recuperação judicial. Assim, segundo ela, a segregação do patrimônio nos casos falimentares tem como objetivo a proteção do direito dos credores diante da liquidação de bens da empresa falida, o que não faz sentido no caso da recuperação judicial, em que os direitos dos credores são ponderados para o alcance do objetivo final da recuperação, que envolve a preservação da empresa.

Contudo, observa-se que a omissão legislativa sobre o tratamento do patrimônio de afetação no procedimento recuperacional foi o grande causador dessa questão, que trouxe posicionamentos diferenciados sobre o assunto, tais como a interpretação extensiva do artigo falimentar aos casos de recuperação judicial ou a análise da preservação da empresa para decidir sobre a união dos patrimônios de afetação.

Diante do exposto, e reconhecendo a novidade do tema, sem precedentes suficientes que aprofundem devidamente o assunto, seja no Judiciário ou até mesmo pelos doutrinadores, ou sequer definição legal para a solução da problemática, conclui-se, assim, que resta aguardar o surgimento de uma nova regulamentação sobre o procedimento de recuperação judicial que efetivamente trate sobre o patrimônio de afetação, ou então, a uniformidade da jurisprudência, para que tenhamos segurança jurídica, estabilidade e previsibilidade das decisões sobre o tema.

Referências

AMORIM, Kelly. Setores imobiliário e de construção civil devem ter mais dificuldades econômicas nos próximos anos, diz KPMG. **Portal PINIweb**. São Paulo, jun 2014. Negócios. Disponível em: <http://construcaomercado.pini.com.br/negocios-incorporacao-construcao/negocios/setores-imobiliario-e-de-construcao-civil-devem-ter-mais-dificuldades-313606-1.aspx>. Acesso em: 21 mai. 2016.

ARAÚJO, José Francelino de. **Comentários à Lei de Falências e Recuperação de Empresas**. São Paulo: Saraiva, 2009, p. 258.

CHALHUB, Melhim Namem. A incorporação imobiliária como patrimônio de afetação – a teoria da afetação e sua aplicação às incorporações imobiliárias. Comentários à MedProv 2.221, de 04.09.2001. **Doutrinas Essenciais de Direito Registral**. v.4, p. 1-42, dez. 2011. Disponível em: <http://revistadostribunais.com.br/maf/app/widgetshomepage/resultList/document?&src=rl&srguid=i0ad6007a00000154f3891d72a02484a3&docguid=I81380b80f25511dfab6f010000000000&hitguid=I81380b80f25511dfab6f010000000000&spos=5&epos=5&td=52&context=97&startChunk=1&endChunk=1#>. Acesso em: 22 mai. 2016. (paginação da versão eletrônica difere da versão impressa).

COELHO, Fábio Ulhoa. **Comentários à Lei de falências e de recuperação de empresas**. 7 ed, São Paulo: Editora Revista dos Tribunais, 2010. p. 139.

COSTA, Daniel Carnio. Princípio da divisão equilibrada de ônus na recuperação judicial de empresas. **Revista Científica Integrada Unaerp**, São Paulo, ed especial, p. 1-5, março 2014. Disponível em: <http://www.unaerp.br/revista-cientifica-integrada/edicoes-especiais/1682-65-1/file>. Acesso em: 07 nov. 2016.

COSTA, Daniel Carnio. Recuperação de grupos de empresas. **Valor Econômico**. São Paulo, março. 2017. Legislação. Disponível em: http://www.valor.com.br/legislacao/4901160/recuperacao-de-grupos-de-empresas. Acesso em: 18 mar. 2017.

FILHO, Manoel Justino Bezerra. **Lei de recuperação de empresas e falência:** Lei 11.101/2005 Comentada artigo por artigo. 11 ed, São Paulo: Editora Revista dos Tribunais, 2016. p. 155.

FRONTINI, Paulo Salvador. SOUZA JUNIOR, Francisco Satiro de; PITOMBO, Antônio Sérgio A. de Moraes (coord.). **Comentários à Lei de Recuperação de Empresas e Falência**. São Paulo: Revista dos Tribunais, 2007, p. 453.

GUIMARÃES, Leonardo. A SPE – Sociedade de propósito específico. **Revista de Direito Mercantil, Industrial, Econômico e Financeiro**, n. 125, p. 1-14, jan. 2002. Disponível em: <http://vlex.com/vid/spe-sociedade-proposito-especifico-582041526> Acesso em: 24 out. 2016. (paginação da versão eletrônica difere da versão impressa).

HESSEL, Rosana. Entidades do setor imobiliário negociam aumento do teto na compra com FGTS. **Correio Braziliense**. Brasília, set. 2016. Economia. Disponível em: <http://www.correiobraziliense.com.br/app/noticia/economia/2016/09/17/internas_economia,549136/entidades-do-

-setor-imobiliario-negociam-aumento-do-teto-na-compra-com.shtml>. Acesso em: 25 set. 2016.

KATAOKA, Eduardo Takemi. A recuperação judicial e o patrimônio de afetação. **Revista dos Tribunais Rio de Janeiro**, v.8, p. 1-19, nov. / dez. 2014. Disponível em: <http://revistadostribunais.com.br/maf/app/widgetshomepage/resultList/document?&src=rl&srguid=i0ad8181500000154f24 54a9089ef5c39&docguid=Ia90c9e10c6ee11e4892c010000000000&hit guid=Ia90c9e10c6ee11e4892c010000000000&spos=1&epos=1&td=14 &context=45&startChunk=1&endChunk=1#> Acesso em: 20 mai. 2016. (paginação da versão eletrônica difere da versão impressa).

ROCHA, Mauro Antônio. O Regime da Afetação Patrimonial na Incorporação Imobiliária. **IRIB. Instituto de Registro imobiliário do Brasil.** Disponível em: <http://www.irib.org.br/obras/o-regime-da-afetacao-patrimonial-na-incorporacao-imobiliaria#_edn2>. Acesso em: 19 nov. 2016.

UCHA, Danilo. Adequações no setor imobiliário. **Jornal do Comércio**, Porto Alegre, jan. 2005. Painel Econômico. Disponível em: <http://jcrs.uol.com.br/site/noticia.php?codn=184403&codPai=50>. Acesso em: 24 out. 2016.

VALOR. Pedidos de recuperação judicial batem recorde em 2015, aponta Serasa. **Valor Econômico**, São Paulo, 11 jan. 2016. Brasil. Macroeconomia. Disponível em: <http://www.valor.com.br/brasil/4386032/pedidos-de-recuperacao-judicial-batem-recorde-em-2015-aponta-serasa>. Acesso em: 21 mai. 2016.

VERÇOSA, Haroldo Malheiros Duclerc. **Direito Comercial:** Teoria Geral das Sociedades. As Sociedades em Espécie do Código Civil II. 3 ed, São Paulo: Editora Revista dos Tribunais, 2014. p. 249.

Documentos jurídicos

BRASIL. Lei nº 4.591, de 16 de dezembro de 1964. Dispõe sobre o condomínio em edificações e as incorporações imobiliárias. Diário Oficial da União, em 21 dez. 1964, retificado em 01 fev. 1965. Brasília, DF. Disponível em: <http://www.planalto.gov.br/ccivil_03/leis/L4591.htm>. Acesso em: 24 out. 2016.

BRASIL. Medida Provisória nº 2.221, de 04 set. 2001. Altera a Lei nº 4.591, de 16 dez. 1964, instituindo o patrimônio de afetação nas incorporações imobiliárias, e dá outras providências. Diário Oficial da União, em 05 set. 2001. Brasília, DF. Disponível em: <http://www.planalto.gov.br/ccivil_03/mpv/Antigas_2001/2221.htm>. Acesso em: 24 out. 2016.

BRASIL. Lei nº 10.931, de 02 ago. 2004. Dispõe sobre o patrimônio de afetação de incorporações imobiliárias, Letra de Crédito Imobiliário, Cédula de Crédito Imobiliário, Cédula de Crédito Bancário, altera o Decreto-Lei no 911, de 1 out. 1969, as Leis no 4.591, de 16 dez. 1964, no 4.728, de 14 jul. 1965, e no 10.406, de 10 jan. 2002, e dá outras providências. Diário Oficial da União, em 02 ago. 2004. Brasília, DF. Disponível em: <http://www.planalto.gov.br/ccivil_03/_ato2004-2006/2004/lei/l10.931.htm>. Acesso em: 24 out. 2016.

BRASIL. Lei nº 11.101, de 09 fev. 2005. Regula a recuperação judicial, a extrajudicial e a falência do empresário e da sociedade empresária. Diário Oficial da União, em 09 fev. 2005. Brasília, DF. Disponível em: <https://www.planalto.gov.br/ccivil_03/_ato2004-2006/2005/lei/l11101.htm>. Acesso em: 24 out. 2016.

BRASIL. Superior Tribunal de Justiça. Segunda Seção. Súmula nº 543. 31 ag. 2015. Disponível em: <http://www.stj.jus.br/SCON/sumulas/doc.jsp?livre=@num=%27543%27>. Acesso em: 24 out. 2016.

BRASIL. Parecer Jurídico. Professora Doutora da Faculdade de Direito da Universidade de São Paulo Sheila Neder Cerezetti. São Paulo, 17 out. 2016. **Tribunal de Justiça do Estado de São Paulo**, São Paulo, Processo nº 1103236-83.2016.8.26.0100, 2ª Vara de Falências e Recuperações Judiciais, fls. 5.134/5.160, out 16. Disponível em: <https://esaj.tjsp.jus.br/cpopg/show.do?processo.foro=100&processo.codigo=2S000MP8Y0000&gateway=true>. Acesso em: 24 out. 2016.

BRASIL. Relatório da Administradora Judicial. Grupo Viver. São Paulo, 16 set. 2016. **Tribunal de Justiça do Estado de São Paulo**, São Paulo, Processo nº 1103236-83.2016.8.26.0100, 2ª Vara de Falências e Recuperações Judiciais, fls. 1079110825, nov. 16. Disponível em: <https://esaj.tjsp.jus.br/cpopg/show.do?processo.foro=100&processo.codigo=2S000MP8Y0000&gateway=true>. Acesso em: 09 nov. 2016.

BRASIL. Petição Inicial. Grupo Viver. São Paulo, 16 set. 2016. **Tribunal de Justiça do Estado de São Paulo**, São Paulo, Processo nº 1103236-83.2016.8.26.0100, 2ª Vara de Falências e Recuperações Judiciais, fls. 01/42, set. 16. Disponível em: <https://esaj.tjsp.jus.br/cpopg/show.do?processo.foro=100&processo.codigo=2S000MP8Y0000&gateway=true>. Acesso em: 24 out. 2016.

BRASIL. Decisão Judicial. Grupo Viver. São Paulo, 29 set. 2016. **Tribunal de Justiça do Estado de São Paulo**, São Paulo, Processo nº 1103236-83.2016.8.26.0100, 2ª Vara de Falências e Recuperações Judiciais, fls. 3868/3875, set 16. Disponível em: <https://esaj.tjsp.jus.br/cpopg/show.

do?processo.foro=100&processo.codigo=2S000MP8Y0000&gateway=true>. Acesso em: 24 out. 2016.

Conforme: BRASIL. 2ª Vara de Falências e Recuperações Judiciais do Foro Central da Comarca de São Paulo. Decisão sobre a consolidação substancial. Recuperação Judicial do Grupo Viver. Juiz: Paulo Furtado de Oliveira Filho. São Paulo, 09 nov. 2016. **Tribunal de Justiça do Estado de São Paulo**, São Paulo, Processo nº 1103236-83.2016.8.26.0100, 2ª Vara de Falências e Recuperações Judiciais, fls. 10.838/10.846, nov.16. Disponível em: <https://esaj.tjsp.jus.br/cpopg/show.do?processo.foro=100&processo.codigo=2S000MP8Y0000&gateway=true>. Acesso em: 10 nov. 2016.

Conforme: BRASIL. 2ª Vara de Falências e Recuperações Judiciais do Foro Central da Comarca de São Paulo. Decisão sobre a consolidação substancial. Recuperação Judicial do Grupo Atlântica. Juiz: Marcelo Barbosa Sacramone. São Paulo, 09 ago. 2016. **Tribunal de Justiça do Estado de São Paulo**, São Paulo, Processo nº 1132473-02.2015.8.26.0100, 2ª Vara de Falências e Recuperações Judiciais, fls. 11158/11159, ago.16. Disponível em: <https://esaj.tjsp.jus.br/cpopg/show.do?processo.codigo=2S000JE440000&processo.foro=100&uuidCaptcha=sajcaptcha_5fbd652c7a204477b33c0f3fe9362b3e>. Acesso em 10 set. 2016.

A Estabilização da Tutela Antecipada Pré-Arbitral

Andrea Pereira

Introdução

O ano de 2015 foi marcado pela publicação de notáveis legislações, sobretudo do novo Código de Processo Civil – Lei nº 13.105/2015 ("CPC/15")- e da Lei nº 13.129/2015, a qual alterou a Lei de arbitragem em vigor – Lei nº 9.307/1996 – para ampliar o âmbito de aplicação da arbitragem e dispor sobre a escolha dos árbitros quando as partes recorrem a órgão arbitral, a interrupção da prescrição pela instituição da arbitragem, a concessão de tutelas de urgência ante a existência de uma cláusula compromissória, a carta arbitral e a sentença arbitral.

Com grandes inovações legislativas, surgem, evidentemente, acalorados debates em meio aqueles que estudam e atuam na área jurídica, razão pela qual, no ano de 2015, muito discutiu-se acerca das principais modificações contidas no novo Diploma Processual Civil, notadamente aquelas que dizem respeito às tutelas provisórias, regulamentadas pelos artigos 294 e seguintes do CPC/15.

Aliás, foram recorrentes as palestras jurídicas ministradas sobre as novidades trazidas pelo CPC/15, não obstante os inúmeros livros e artigos jurídicos sobre os quais a comunidade jurídica se debruçou para discutir desafiadora temática, especialmente no âmbito do direito empresarial, palco de disputas de elevado valor envolvido e de causas com grande complexidade.

É, portanto, tempo de desenvolver interpretações e defender posicionamentos doutrinários com vistas a propiciar aos profissionais que atuam no contencioso empresarial brasileiro maior segurança jurídica e assertividade na defesa dos interesses de seus clientes.

Neste cenário, indubitavelmente, a mais marcante alteração legislativa relativa às tutelas provisórias cinge-se à estabilização da tutela antecipada requerida em caráter antecedente, prevista no artigo 304 do CPC/15.

Deveras emblemático, o instituto processual da estabilização da tutela antecipada enseja questionamento para lá de instigante: a sua compatibilização com a arbitragem, principalmente diante do teor dos artigos 22-A e 22-B introduzidos pela Lei nº 13.129/2015, a nova Lei de Arbitragem, como é comumente chamada.

Este artigo destina-se, em suma, ao estudo da possibilidade de estabilização da tutela antecipada ante a existência de uma cláusula compromissória livremente estipulada entre as partes em um contrato empresarial.

Com efeito, a premissa deste estudo consiste em compatibilizar a ânsia de racionalização do processo civil brasileiro, tendo como base o CPC/15, com a liberdade de contratar exercida cotidianamente pelas empresas brasileiras, sobretudo ao instituírem a arbitragem como meio alternativo de solução de conflitos e renunciarem, expressamente, ao moroso Poder Judiciário como órgão de exercício de jurisdição.

Assim, a partir de metodologia hipotético-dedutiva, é possível compatibilizar, quando possível, um instituto jurídico essencialmente processual com outro de natureza contratual, propiciando às empresas e seus *stakeholders* maior segurança jurídica ao firmarem contratos empresariais no Brasil.

1. A Estabilização da Tutela Antecipada Antecedente Prevista no Novo Código de Processo Civil

Aos 18 de março de 2016, entrou em vigor no Brasil o novo Código de Processo Civil e com ele as novéis regras acerca das chamadas *Tutelas Provisórias*, regulamentadas pelos artigos 294 e seguintes do aludido Diploma Processual Civil.

Em oportuna síntese sobre as Tutelas Provisórias no CPC/2015, Cândido Dinamarco preconiza que:

> Além de instituir a tutela de evidência, da qual não se falava no regime anterior (trata-se de conceito desenvolvido por Luiz Fux em tese acadêmica lançada nos anos noventa), o novo Código de Processo Civil tem o mérito de dar um trato unitário a todas as medidas provisórias, mediante a fixação de regras comuns a todas elas – abrangendo a tutela da evidência e as duas espécies de tutelas de urgência (cautelares ou antecipatórias) -, para em seguida descer às especificações referentes a cada uma delas (arts. 300 ss.). No estatuto de 1973 havia todo um livro sobre as medidas cautelares, portador de noventa e quatro artigos, com muitos incisos e parágrafos (L. III, arts. 798-889), e quanto à tutela antecipada somente um artigo (art. 273) – o que exigia da doutrina e dos tribunais o trabalho de transpor ou estender a estas os preceitos ditados em relação àquela. A disciplina das antecipações de tutela vivia de empréstimos tomados à minuciosa disciplina das cautelares. Mas havia ao menos um caso de tutela provisória que, vista com os olhos de hoje, poderia ser qualificada como tutela da evidência: trata-se das liminares em ações possessórias, possíveis de serem concedidas sem qualquer consideração sobre eventual urgência[1].

---

[1] DINAMARCO, Cândido R. **Instituições de direito processual civil:** volume I. 8. ed., rev. e atual. segundo o Novo Código de Processo Civil. São Paulo: Malheiros, 2016, p. 253.

E prossegue, destacando que:

> Segundo essa disciplina unitária, (a) não só as cautelares mas também as antecipações podem ser concedidas em caráter antecedente ou incidente (294, par.), (b) a competência para concedê-las em caráter antecedente (preparatório) é do "juiz competente para conhecer do pedido principal" (art. 299), (c) elas poderão ser concedidas depois ou antes da contestação e mesmo inaudita altera parte (art. 300, §2º), (d) responsabiliza-se objetivamente o beneficiário da antecipação pelos prejuízos que ela causar ao adversário (art. 302) etc. Uma regra inerente às medidas cautelares, que às antecipatórias não se aplica, é a da concessibilidade de-ofício – porque estas não se destinam a tutelar o processo, como aquelas, e consequentemente não se configura a fundamental razão de ordem pública que manda o juiz ditar cautelas incidentes mesmo sem que a parte lho requeira (Galeno Lacerda). É claro que, quando antecedentes ao processo principal (CPC, arts. 305 ss.), as cautelares só poderão ser concedidas a pedido da parte, não se concebendo sua concessão de-ofício simplesmente porque não existe um exercício da jurisdição em curso com relação àquele litígio entre as partes[2].

Dentre as inovações trazidas pelo CPC/15 sobre as Tutelas Provisórias, a mais notável e emblemática delas, certamente, consiste na estabilização da tutela antecipada, prevista no artigo 304 da Lei nº 13.105/2015.[3]

---

[2] Ibidem, p. 257.
[3] Art. 304. A tutela antecipada, concedida nos termos do art. 303, torna-se estável se da decisão que a conceder não for interposto o respectivo recurso.
§ 1º No caso previsto no caput, o processo será extinto.
§ 2º Qualquer das partes poderá demandar a outra com o intuito de rever, reformar ou invalidar a tutela antecipada estabilizada nos termos do caput.

Trata-se, pois, de um único dispositivo legal que grandes discussões e debates tem provocado no universo jurídico, especialmente entre aqueles que atuam no contencioso empresarial brasileiro, cabendo tecer algumas breves considerações sobre o insigne instituto processual.

Primeiramente, cumpre ressaltar que o *caput* do artigo 304, ao referenciar o artigo 303 do CPC/15, é assertivo ao determinar que somente a tutela antecipada requerida em caráter antecedente está sujeita à estabilização, não sendo possível a estabilização da tutela cautelar antecedente.

Nada mais sensato e lógico, vez que, em sua essência jurídica, a tutela cautelar antecedente, conforme afirma Cândido Dinamarco:

> [...] visa a evitar que o passar do tempo prive o processo de algum meio exterior que poderia ser útil ao correto exercício da jurisdição e consequente produção, no futuro, de resultados úteis e justos (fontes de prova ou bens suscetíveis de constrições, como a penhora).[4]

---

§ 3º A tutela antecipada conservará seus efeitos enquanto não revista, reformada ou invalidada por decisão de mérito proferida na ação de que trata o § 2º.

§ 4º Qualquer das partes poderá requerer o desarquivamento dos autos em que foi concedida a medida, para instruir a petição inicial da ação a que se refere o § 2º, prevento o juízo em que a tutela antecipada foi concedida.

§ 5º O direito de rever, reformar ou invalidar a tutela antecipada, previsto no § 2º deste artigo, extingue-se após 2 (dois) anos, contados da ciência da decisão que extinguiu o processo, nos termos do § 1º.

§ 6º A decisão que concede a tutela não fará coisa julgada, mas a estabilidade dos respectivos efeitos só será afastada por decisão que a revir, reformar ou invalidar, proferida em ação ajuizada por uma das partes, nos termos do § 2º deste artigo.

[4] DINAMARCO, Cândido R.; LOPES, Bruno Vasconcelos Carrilho. **Teoria Geral do Novo Processo Civil, de acordo com a Lei 13.256, de 4.2.2016.** 1 ed, São Paulo: Malheiros, 2016, p. 27.

Fundamentando o exposto, o artigo 308 do CPC/15 prevê que efetivada a tutela cautelar, o pedido principal terá de ser formulado pelo autor no prazo de 30 (trinta) dias, caso em que será apresentado nos mesmos autos em que deduzido o pedido de tutela cautelar, não dependendo do adiantamento de novas custas processuais.

Caso o pedido principal não seja formulado no prazo de 30 (trinta) dias previsto em lei, cessa a eficácia da tutela concedida em caráter antecedente, nos termos do artigo 309 do CPC/15, demonstrando, portanto, a impossibilidade de estabilização da tutela de urgência cautelar antecedente.

Aliás, parece ser evidente a impossibilidade da estabilização da tutela cautelar, vez que aludida estabilização, além de legalmente inviável, afrontaria a própria natureza jurídica da tutela de urgência de natureza cautelar, a qual destina-se a resguardar a efetividade jurisdicional de um processo principal e futuro.

De toda a sorte, tratando-se de tutela de urgência de natureza antecipada, será possível esta estabilização. A esse respeito, Cássio Scarpinella Bueno aduz que a

> [...] decisão concessiva da tutela antecipada nos termos do art. 303 torna-se estável se não houver interposição do respectivo recurso (art. 304, caput), que é o agravo de instrumento (art. 1.015, I). Nesta hipótese, o processo será extinto (art. 304, § 1º) e, em rigor, afasta a necessidade de o autor aditar a petição inicial para os fins do inciso I do § 1º do art. 303[5].

Neste contexto, é relevante destacar que o §6º do referido artigo 304 preceitua que a decisão que concede a tutela não fará coisa julgada material, ainda que seus efeitos sejam estabilizados

---

[5] BUENO, Cassio Scarpinella. **Novo Código de Processo Civil Anotado**. 1 ed, São Paulo: Saraiva, 2015, p. 226.

pela falta de interposição do recurso cabível pela parte contra a qual a tutela de urgência de natureza antecipada for concedida. Nesse mesmo sentido, Cândido Dinamarco entende que a tutela de urgência de natureza antecipada:

> [...] estabiliza mas não faz coisa julgada. Mesmo após passado o prazo de dois anos para a propositura da demanda destinada a rever, reformar ou invalidar a decisão antecipatória não se formará a coisa julgada. A estabilidade se fortalecerá mas não contará com atributos idênticos à eficácia preclusiva e à função positiva desta[6].

Por seu turno, Cassio Scarpinella Bueno defende a ideia de que:

> [...] a regra tem o condão de evitar discussões interessantíssimas que chegaram a ocupar o Fórum Permanente de Processualistas Civis (v. Enunciado n.33[7], infra), sobre haver, ou não, coisa julgada na decisão que concedeu a tutela antecipada a final estabilizada. O § 6º ensaia, até mesmo, resposta a pergunta inevitável diante do § 1º do art. 304: trata-se de extinção do processo com ou sem resolução de mérito? Para quem associa coisa julgada a decisão de mérito, a resposta é imediata[8].

Eduardo Talamini, sobre o tema em debate, destaca que, na tutela antecipada antecedente, ao mecanismo de tutela urgente agregou-se a técnica monitória, afirmando que:

> A estabilização da tutela antecipada antecedente reúne as características essenciais da técnica monitória: (a) há o emprego da cognição sumária com o escopo de rápida produção de resul-

---

[6] DINAMARCO, Cândido R.; LOPES, Bruno Vasconcelos Carrilho, op. cit., p. 29.
[7] **Enunciado n.33 do Fórum Permanente de Processualistas Civis**: Não cabe ação rescisória nos casos de estabilização da tutela antecipada de urgência.
[8] BUENO, op. cit., p. 226.

tados concretos em prol do autor; (b) a falta de recurso do réu contra a decisão antecipatória acarreta-lhe imediata e intensa consequência desfavorável; (c) nessa hipótese, a tutela antecipada permanecerá em vigor por tempo indeterminado – de modo que, para subtrair-se de seus efeitos, o réu terá o ônus de promover ação de cognição exauriente. Ou seja, sob essa perspectiva, inverte-se o ônus da instauração do processo de cognição exauriente; e (d) não haverá coisa julgada material[9].

Tecidas estas considerações, conclui-se que a estabilização da tutela antecipada requerida em caráter antecedente trata-se de mecanismo processual criado, verdadeiramente, para desafogar o Poder Judiciário da carga de trabalho que lhe é comumente atribuída, extinguindo-se os processos judiciais nos autos dos quais a parte demandada, atingida pela concessão da tutela antecipada, não vier a insurgir-se por meio do recurso adequado.

Mesmo não fazendo coisa julgada, esse instrumento processual foi manejado com vistas à racionalização do processo judicial brasileiro, tendo como norte a duração razoável do processo e a prestação jurisdicional tempestiva e efetiva às partes.

2. As Tutelas de Urgência na Lei nº 13.129/2015

Coroando o ano de 2015 com mais uma inovação legislativa, a Lei nº 13.129/2015 – Nova Lei de Arbitragem como é chamada

---

[9] TALAMINI, Eduardo. Arbitragem e a Tutela Provisória no Código de Processo Civil de 2015. **Revista de Arbitragem e Mediação**, v. 46, p. 287-313, Jul. 2015. Disponível em: <http://revistadostribunais.com.br/maf/app/resultList/document?&src=rl&srguid=i0ad6adc500000158b751e12282e5dd88&docguid=Idb56c4106d8611e59dfb010000000000&hitguid=Idb56c4106d8611e59dfb010000000000&spos=4&epos=4&td=60&context=38&crumbaction=append&crumblabel=Documento&isDocFG=false&isFromMultiSumm=&startChunk=1&endChunk=1> Acesso em: 30 nov. 2016. (Paginação da versão eletrônica difere da versão impressa).

– entrou em vigor no dia 27 de julho de 2015, a qual, como bem pontua Flávio Luiz Yarshell, é advinda de anteprojeto de autoria da Comissão liderada pelo Ministro Luis Felipe Salomão, não tendo, inclusive, trazido drásticas mudanças ao microssistema da arbitragem, porquanto é senso comum que o diploma em vigor é eficiente e garante apoio legal à arbitragem, colaborando para sua disseminação e consolidação.[10]

Dentre outras inovações legislativas, a Nova Lei de Arbitragem prevê a possibilidade de as partes recorrerem ao Poder Judiciário para a concessão de medida cautelar ou de urgência em caráter antecedente à arbitragem. Esta é a previsão legal contida nos artigos 22-A[11] e 22-B[12] da Lei nº 13.129/2015.

O comando legal dos artigos em referência colocou uma pá de cal nas dúvidas e divergências doutrinárias que havia diante da redação do revogado artigo 22, § 4º, da Lei nº 9.307/1996[13], segundo o qual havendo necessidade de medidas coercitivas ou cautela-

---

[10] Freire, Alexandre; Rodovalho, Thiago; Cahali, Francisco José (Org.). **Arbitragem, Estudos sobre a Lei n. 13.129, de 26-5-2015.** 1 ed. São Paulo: Saraiva, 2016. p. 238.

[11] Art. 22-A. Antes de instituída a arbitragem, as partes poderão recorrer ao Poder Judiciário para a concessão de medida cautelar ou de urgência.
Parágrafo único. Cessa a eficácia da medida cautelar ou de urgência se a parte interessada não requerer a instituição da arbitragem no prazo de 30 (trinta) dias, contado da data de efetivação da respectiva decisão.

[12] Art. 22-A. Antes de instituída a arbitragem, as partes poderão recorrer ao Poder Judiciário para a concessão de medida cautelar ou de urgência.
Parágrafo único. Cessa a eficácia da medida cautelar ou de urgência se a parte interessada não requerer a instituição da arbitragem no prazo de 30 (trinta) dias, contado da data de efetivação da respectiva decisão.
Art. 22-B. Instituída a arbitragem, caberá aos árbitros manter, modificar ou revogar a medida cautelar ou de urgência concedida pelo Poder Judiciário.
Parágrafo único. Estando já instituída a arbitragem, a medida cautelar ou de urgência será requerida diretamente aos árbitros.

[13] Art. 22. Poderá o árbitro ou o tribunal arbitral tomar o depoimento das partes, ouvir testemunhas e determinar a realização de perícias ou outras provas que julgar necessárias, mediante requerimento das partes ou de ofício.

res, os árbitros poderiam solicitá-las ao órgão do Poder Judiciário que seria, originariamente, competente para julgar a causa.

Isto porque, conforme bem afirma Flávio Luiz Yarshell em artigo científico escrito em coautoria com Lucas Britto Mejias, o revogado texto legal:

> [...] suscitou dúvidas sobre a quem caberia apreciar e conceder a medida de urgência buscada pela parte: se ao Judiciário, a requerimento do órgão arbitral; ou ao próprio árbitro, a quem caberia tão somente requerer apoio ao Judiciário caso constatasse a necessidade de medidas constritivas para efetivação da medida. Doutrina e Jurisprudência se posicionaram majoritariamente pelo segundo caminho e o fizeram de forma acertada[14].

Por conseguinte, deveras oportuna a redação dos artigos 22-A e 22-B da Lei nº 13.129/2015, os quais não deixam dúvidas de que, antes de instituída a arbitragem, é perfeitamente possível e viável às partes pleitearem tutelas de urgência junto ao Poder Judiciário, sem se olvidar de que, no prazo de 30 (trinta) dias, a parte em favor da qual for concedida tutela antecipada ou acautelatória, deverá requerer a instituição do procedimento arbitral, sob pena de ineficácia da medida liminar deferida.

Salutar, deste modo, a menção de que a arbitragem se considera instituída quando aceita a nomeação pelo árbitro, se for único, ou por todos, se forem vários. Este é o teor do artigo 19 da Lei nº 13.129/2015.[15]

---

§ 4º Ressalvado o disposto no § 2º, havendo necessidade de medidas coercitivas ou cautelares, os árbitros poderão solicitá-las ao órgão do Poder Judiciário que seria, originariamente, competente para julgar a causa.

[14] FREIRE ,Alexandre; RODOVALHO,Thiago; CAHALI, Francisco José (Org.). op. cit., p. 239.

[15] Art. 19. Considera-se instituída a arbitragem quando aceita a nomeação pelo árbitro, se for único, ou por todos, se forem vários.

Avocando a temática da instituição do procedimento arbitral, Selma Lemes pondera que a:

> [...] aceitação da nomeação está vinculada ao aspecto intrínseco e subjetivo, qual seja, o árbitro é um cidadão que não está obrigado a aceitar o encargo de julgar, diferentemente do que ocorre com o juiz togado. O árbitro é juiz privado, sua investidura é eventual e é resultado de um duplo consentimento; não apenas das partes, mas também dele. A outra consequência, a extrínseca, resulta na instituição da arbitragem. Para o árbitro surge o dever de julgar e, dentre outros deveres, observar os prazos, tais como a disposto no art. 23 da Lei 9.307/96 (ditar a sentença no prazo de seis meses, salvo disposição em contrário das partes). Note-se, por oportuno, que essas consequências operam-se, a princípio, para o futuro. A instituição da arbitragem, com a investidura dos árbitros, representa no processo arbitral uma nova fase; a fase de cognição. Mas, com é óbvio, esta não existiria sem as anteriores[16].

Este entendimento se coaduna com a jurisprudência do Superior Tribunal de Justiça, sobretudo aquela aventada no *leading case* Recurso Especial nº 1.297.974 – RJ.[17]

---

[16] LEMES, Selma. A Inteligência do Art. 19 da Lei de Arbitragem (Instituição da Arbitragem) e as Medidas Cautelares Preparatórias. **Revista de Direito Bancário e do Mercado de Capitais.** v. 20, p. 411-423, Abr. 2003. Disponível em: <http://revistadostribunais.com.br/maf/app/resultList/document?&src=rl&srguid=i0ad6adc600000158b75754e2412bd603&docguid=I7f554920f25211dfab6f010000000000&hitguid=I7f554920f25211dfab6f010000000000&spos=11&epos=11&td=28&context=84&crumbaction=append&crumb-label=Documento&isDocFG=false&isFromMultiSumm=&startChunk=1&endChunk=1>. Acesso em: 30 nov. 2016. (Paginação da versão eletrônica difere da versão impressa).

[17] BRASIL. **Superior Tribunal de Justiça.** Direito Processual Civil. Arbitragem. Medida Cautelar. Competência. Juízo Arbitral. Não Constituído. Relator: Nancy

Nada mais sensato, tendo em vista que a parte interessada pela concessão da tutela de urgência não haverá de sofrer as mazelas do decurso do tempo, esperando a formação do painel arbitral, para que tenha seu direito acautelado ou os seus respectivos efeitos antecipados. Entendimento contrário, por certo, afrontaria o princípio da inafastabilidade da jurisdição estatal, previsto no artigo 5º, inciso XXXV, da Constituição Federal.[18]

Carlos Alberto Carmona, defendendo o direito de a parte recorrer às portas do Poder Judiciário enquanto ainda não está instaurado o painel arbitral, afirma que

> [...] não podendo a parte interessada recorrer ao árbitro (como deveria) a medida cautelar, admite-se-lhe a abertura da via judicial (sem que com isso fique prejudicada a arbitragem) apenas para a tutela emergencial. Instituída a arbitragem, os autos do processo cautelar devem ser enviados ao árbitro (não haverá, obviamente, ação principal judicial, eis que a ação cautelar é antecedente em relação à demanda arbitral)[19].

Neste caso, é cediço que a competência para apreciação da tutela de urgência antecedente, seja ela cautelar ou antecipada, é do Juiz que seria competente para julgamento da demanda principal, caso não existisse a convenção de arbitragem.

Adrighi. Brasília, 12 jun. 2012. Superior Tribunal de Justiça. Disponível em: http://www.stj.jus.br/sites/STJ. Acesso em 30 nov. 2016.

[18] Art. 5º Todos são iguais perante a lei, sem distinção de qualquer natureza, garantindo-se aos brasileiros e aos estrangeiros residentes no País a inviolabilidade do direito à vida, à liberdade, à igualdade, à segurança e à propriedade, nos termos seguintes:
XXXV – a lei não excluirá da apreciação do Poder Judiciário lesão ou ameaça a direito;

[19] CARMONA, Carlos Alberto. **"Árbitros e Juízes: Guerra ou Paz?"**. In Pedro Batista Martins, Selma M. Ferreira Lemes e Carlos Alberto Carmona. Aspectos fundamentais da Lei de Arbitragem. Rio de Janeiro: Forense, 1999. p. 431.

Por sua vez, quando já instituída a arbitragem, a medida cautelar ou de urgência será requerida diretamente aos árbitros, consoante dispõe o parágrafo único do artigo 22-B da festejada Lei.

A esse respeito, AMARAL pondera que:

> A partir do momento em que as partes retiram do Estado o poder de resolver o seu litígio, investindo um (ou mais) particular(es) de poder para decidir a controvérsia de forma definitiva, vinculante e obrigatória, parece claro que qualquer interferência estatal no mérito do litígio será ilegítima.
>
> Afinal, se apenas o árbitro está autorizado a proferir o provimento final, também recai sobre ele o poder de decidir se antecipará efeitos práticos que a sua decisão produzirá. Diante disso, é desnecessário que a convenção de arbitragem contenha autorização para que os árbitros antecipem tutela, ela está contida na incumbência dos árbitros de zelar pela justa solução do litígio – o que abrange a concessão de medidas de urgência, desde que presentem os requisitos legais[20].

E, neste sentido, oportuno o adendo feito por Pedro Guilhardi em assertivo artigo científico, ao advertir que, apesar do texto legal:

> [...] a conclusão a que se chegou é que em hipóteses excepcionais e observada a boa-fé, o Poder Judiciário pode ser o foro mais adequado para apreciação de medidas de urgência, mesmo depois de instituída a arbitragem, notadamente considerando: (i) a possibilidade de o Tribunal Arbitral estar indisponível; (ii) a possibilidade de as partes terem afastado do Tribunal Arbitral os

---

[20] FREIRE, Alexandre; RODOVALHO, Thiago; CAHALI, Francisco José (Org.). op. cit., p. 463.

poderes para a apreciação de medidas de urgência; (iii) as peculiaridades do procedimento arbitral e a extrema urgência de que alguns pleitos estão revestidos e; (iv) a controvérsia a respeito da concessão das medidas de urgência pelo Tribunal Arbitral sem a oitiva da parte adversa, o que é amplamente aceito em pleitos perante o Poder Judiciário, mas bastante controvertido, como visto, na seara arbitral[21].

Conclui-se que, em hipóteses excepcionalíssimas, é possível perquirir junto ao Poder Judiciário a concessão de tutela de urgência, ainda que já tenha sido instaurado o painel arbitral. Repisa-se: trata-se de hipótese deveras excepcional e atípica. Outrossim, em relação às espécies de medidas emergenciais que podem ser pleiteadas ao Tribunal Arbitral, Pedro Guilhardi avança em seu estudo afirmando que:

> Para parte da doutrina, as ordens específicas se dividiriam em medidas para: (i) se evitar prejuízos irreparáveis; (ii) preservação e produção de provas e; (iii) viabilizar a execução futura da sentença arbitral. Faz-se referência também ao peculiar procedimento de référé-provision, com menção à sua utilização pelas Cortes da França e Holanda.
>
> De outro lado, há quem divida as ordens em cinco tipos, a saber, medidas para: (i) preservação das provas; (ii) regular e estabilizar a relação das partes durante o procedimento; (iii) assegurar

---

[21] GUILHARDI, Pedro. Medidas de Urgência na Arbitragem, Interim measures and arbitration. **Revista de Arbitragem e Mediação.** v. 49, p. 67-101, Abr. 2016. Disponível em: <. http://revistadostribunais.com.br/maf/app/resultList/document?&src=rl&srguid=i0ad6adc600000158b75f7f8f981342e3&docguid=Ia50b1a6032b011e69411010000000000&hitguid=Ia50b1a6032b011e6941101000000000&spos=1&epos=1&td=2&context=104&crumbaction=append&crumb-label=Documento&isDocFG=false&isFromMultiSumm=&startChunk=1&endChunk=1>. Acesso em: 30 nov. 2016. (Paginação da versão eletrônica difere da versão impressa).

a execução da futura sentença arbitral; (iv) assegurar o reembolso pelos custos da arbitragem e; (v) determinar pagamentos preservando o fluxo de caixa e a sobrevivência da parte litigante, usualmente adotada em contratos de longa duração.

[...] Por fim, tem-se a antecipação do provimento final ou tutela antecipada arbitral. Trata-se da antecipação dos efeitos da decisão final de mérito, a qual não se confunde com a sentença arbitral parcial. A antecipação da tutela tem caráter provisório, podendo ser revista a qualquer tempo no transcorrer da disputa. A sentença parcial é definitiva no sentido de resolver aquela parte do litígio de maneira final[22].

Evidente que não se trata de hipótese taxativa, vez que as partes que aderiram à arbitragem, exercendo ampla autonomia da vontade, deverão analisar as regras procedimentais relativas ao regulamento da Câmara arbitral escolhida para processar e dirimir o conflito entre elas instaurado.

Na prática, para análise e concessão das tutelas de urgência, vê-se que os árbitros costumam socorrer-se das normas processuais previstas no Código de Processo Civil, a exemplo dos recorrentes requisitos do periculum in mora e fumus boni iuris, regulamentados pelo artigo 300 do CPC/15.

Esta máxima induz à inevitável reflexão quanto à (im)possibilidade de compatibilização do Novo Código de Processo Civil ao procedimento arbitral, ora regulamentado pela Lei nº 13.129/2015, notadamente quanto à aplicação do instituto da estabilização da tutela antecipada antecedente, prevista no artigo 304 do CPC/15, à arbitragem.

O dilema em questão é suscitado por diversos doutrinadores quando discutem a antítese formada pela tendência de privatização da jurisdição brasileira e as irrenunciáveis garantias

---

[22] Ibidem, p. 67-101.

inerentes à tutela jurisdicional estatal. José de Albuquerque Rocha debate a contradição em pauta:

> É sobretudo nas épocas de crise e nos momentos de emergência de tendências conservadoras que é necessário voltar a refletir sobre a natureza e as funções da justiça no contexto do estado democrático de direito e das garantias relativas á tutela jurisdicional. Proclamações como o retorno ao livre mercado, "privatizações", redução do papel do estado tem implicações extremamente perigosas sob diversos pontos de vistas, e em particular, no que se refere á tutela dos direitos dos mais débeis porque expressam a pretensão de reduzir o sistema jurídico ao mínimo para substituí-lo pela regulação de mercado, que é como sabemos o sistema dominado pela expansão incontrolada do interesse econômico privado e pela lógica brutal das relações de força. O aparecimento da arbitragem como forma de solução de conflitos insere-se nesse contexto e é uma decorrência da idolatria do mercado, da privatização e da redução do Estado e do Direito. Daí a necessidade de estudá-la com atenção para podermos compreender claramente sua significação para os diretos do povo, expostos, agora mais do que nunca, a agressiva invasão dos poderes econômicos e de um poder político que se tornou escravo dos interesses privados[23].

O presente artigo dedica-se ao estudo desta antítese e dos seus reflexos no contencioso empresarial brasileiro.

3. A Incompatibilidade Automática da Estabilização da Tutela Antecipada no Âmbito da Lei nº 13.129/2015

Embora discutam-se alterações legislativas para lá de recentes, a doutrina já vem se posicionando no sentido de inadmitir a

---

[23] ROCHA, José de Albuquerque. Instituições Arbitrais In. SALES, Lilia Maia de Morais et AL. Estudos sobre Mediação e Arbitragem. Rio de Janeiro: abc,2003.,p.95

estabilização da tutela antecipada requerida em caráter antecedente porquanto, no contrato acerca do qual as partes litigam, exista uma cláusula compromissória.

As razões para tanto são inúmeras.

Eduardo Talamini acentua que:

> [...] a estabilização da tutela antecipada nessa hipótese implica igualmente tornar estável, permanente, a competência judicial estabelecida como provisória, "precária". Significa transformar o órgão judiciário de colaborador, coadjuvante, em agente principal, protagonista[24].

E não se olvide da precariedade da competência judicial quando esta atua como apoiadora e colaboradora, em caráter emergencial, de um Tribunal Arbitral, estando este constituído ou não. Esta é a orientação do Superior Tribunal de Justiça manifestada no *leading case*, a saber: o Recurso Especial 1.297.974.

Além disso, insta, novamente, salientar que o instituto processual da estabilização de tutela antecipada antecedente foi idealizado com vistas à diminuição da carga de trabalho do Poder Judiciário, motivo pelo qual, como bem pondera Eduardo Talamini[25]:

> Também sob essa perspectiva não se justifica a incidência da estabilização sobre a tutela antecipada pré-arbitral. Não faz sentido diminuir-se uma carga de trabalho que não existe. O Judiciário, em qualquer caso, já não teria de resolver definitivamente o mérito dessa causa: a prévia convenção arbitral já o havia dispensado disso. Em outros termos, uma vez que a estabilização é um sucedâneo prático do julgamento exauriente do mérito, se o

---

[24] TALAMINI, Eduardo, op. cit., p. 287-313.
[25] Ibidem, p. 287-313.

objeto a ser substituído (julgamento do mérito) não compete ao Judiciário, o substituto (estabilização) tampouco pode competir.

Outro aspecto interessante suscitado por Eduardo Talamini em artigo científico cujo debate prestou-se à análise da arbitragem em consonância com a tutela provisória no Código de Processo Civil de 2015, é o de que a estabilização da tutela antecipada pré-arbitral ensejaria verdadeiro incentivo à judicialização:

> Na expectativa de obter a estabilização de efeitos em caso de inércia do réu, muitos litigantes tenderão a promover a tutela antecipada em caráter preparatório – não porque precisem debelar situação de perigo de dano, mas na esperança de encontrar um atalho para a produção de resultados práticos sem ter de passar pela via crucis do processo comum. Em reação a isso, haverá também um maior rigor dos juízes na concessão de medidas urgentes. Existirá a constante preocupação de se estar emitindo uma decisão que, mais do que atuar provisoriamente na situação de emergência, pode vir a estabilizar-se por tempo indeterminado. Isso gerará prejuízos a todos os jurisdicionados que efetivamente se deparam com uma situação emergencial e precisam, mesmo, de proteção urgente.
> [...] Já no caso da medida judicial pré-arbitral, além do possível desvio de finalidade e depreciação da tutela urgente, a perspectiva de estabilização, se coubesse, traria outro efeito colateral: a ampliação de processos judiciais. Casos que poderiam e deveriam ser resolvidos estritamente no âmbito da arbitragem seriam trazidos ao Poder Judiciário, a pretexto da necessidade de uma providência urgente pré-arbitral, na esperança de se obter, com a estabilização, um atalho para os resultados práticos pretendidos. Enfim, haveria o incentivo à judicialização de causas[26].

---

[26] Ibidem, p. 287-313.

Enaltecendo a tese defendida por Eduardo Talamini, vale rememorar que o parágrafo único do artigo 22-A determina que a parte beneficiada com a concessão da tutela de urgência pré-arbitral, seja ela de natureza cautelar ou antecipada, requeira a instituição da arbitragem no prazo de 30 (trinta) dias, contado da data de efetivação da respectiva decisão, o que, por certo, sinaliza para o viés precário da atuação jurisdicional quando as partes optam pela arbitragem para dirimir seus conflitos.

Afora o exposto, não há dúvidas de que a Lei nº 13.129/2015, sobretudo os seus artigos 22-A e 22-B, se sobrepuja ao artigo 304 do CPC/15 – o qual dispõe sobre a estabilização da tutela antecipada – haja vista o critério da temporalidade, previsto no artigo 2º da Lei de Introdução às normas do Direito Brasileiro (Decreto-Lei nº 4.657/1942)[27].

Isto porque a nova Lei de Arbitragem é posterior ao Código de Processo Civil de 2015, não obstante ser lei específica de regulação da arbitragem no Brasil, devendo, portanto, ser aplicado o critério da especialidade legislativa.

No entanto, é mister destacar que os argumentos que fundamentam a incompatibilidade da estabilização da tutela antecipada ao procedimento arbitral não se resumem aos até então mencionados.

Tal assertiva justifica-se, em suma, pelo fato de que o Código de Processo Civil não é a legislação que rege, primordialmente, o procedimento arbitral, vez que, como bem salienta Eduardo Arruda Alvim:

> [...] não são as regras do Código de Processo Civil que se aplicam à arbitragem. A tão propalada flexibilidade do processo

---

[27] BRASIL. **Decreto-Lei nº 4.657, de 4 de setembro de 1942**. Lei de Introdução às normas do Direito Brasileiro. Palácio do Planalto Presidência da República, Rio de Janeiro, 4 set. 1942. Disponível em: < https://www.planalto.gov.br/ccivil_03/decreto-lei/Del4657compilado.htm>. Acesso em: 30 nov. 2016.

arbitral realmente contribui para que o mesmo possa ser melhor amoldado conforme as circunstâncias do caso concreto o exijam, contribuindo para uma rápida e melhor solução do litígio arbitral. Mas, a principiologia que está por trás do Código de Processo Civil se aplica e deve iluminar o atuar do árbitro e, nesse contexto, os trabalhos de cunho doutrinário nos campos do Direito Constitucional Processual e na área do Direito Processual Civil não devem ser postos de lado[28].

Eduardo Arruda Alvim, no artigo científico trazido à lume, defende a criação de um Direito Processual Arbitral, tendo em vista a necessidade de se adequar o Direito Processual Civil Brasileiro ao processo arbitral. A esse respeito:

> Como visto, a Lei de Arbitragem estabelece que, não havendo estipulação acerca do procedimento, caberá ao árbitro ou ao Tribunal Arbitral discipliná-lo (art. 21, § 1º, da Lei 9.307/1996). Vale dizer que, na ausência de norma preestabelecida, o árbitro poderá aplicar as regras que entender convenientes para a solução do litígio, desde que não sejam desrespeitadas as garantias constitucionais do processo. Muito frequentemente, os regulamentos da Câmaras arbitrais contém regras específicas, que devem, igualmente, ter como norte o texto constitucional e a principiologia do Direito Processual Civil como um todo[29].

---

[28] ALVIM, Eduardo Arruda. Direito Processual Arbitral: natureza processual da relação jurídica arbitral e incidência do Direito Constitucional Processual. Revista de Processo. v. 234, p. 365-388, Ago.2014.Disponívelem:<http://revistadostribunais.com.br/maf/app/resultList/document?&src=rl&srguid=i0ad6adc600000158b761afd0a2da9b08&docguid=I76f5d600116111e49e87010000000000&hitguid=I76f5d600116111e49e87010000000000&spos=1&epos=1&td=1&context=121&crumbaction=append&crumb-label=Documento&isDocFG=false&isFromMultiSumm=&startChunk=1&endChunk=1>.Acesso em: 30 nov. 2016. (Paginação da versão eletrônica difere da versão impressa).
[29] Ibidem, p. 365-388

Neste mesmo sentido, Leonardo de Faria Beraldo argumenta que

> [...] a lei processual não é fonte supletiva ou subsidiária da Lei de Arbitragem, entretanto, as regras de natureza processual do novo Código de Processo Civil, na medida do possível, devem ser aplicadas ao processo arbitral. Evidentemente que se ficar constatada a existência de alguma particularidade da arbitragem que impeça de ser utilizado o novo Código de Processo Civil, deverá o árbitro, por meio de decisão fundamentada, explicitar as razões do seu convencimento. Por fim, é preciso aclarar que essa decisão do árbitro é soberana e não poderá, como regra, ser contestada no Poder Judiciário[30].

Assim, haja vista que a aplicação do Código de Processo Civil ao procedimento arbitral não é supletiva e tampouco subsidiária, devendo a arbitragem ser conduzida de acordo com os negócios jurídicos processuais firmado entre as partes, bem como com base nos regulamentos dos Tribunais Arbitrais, é evidente a incompatibilização da estabilização da tutela antecipada antecedente com os ditames da Lei nº 13.129/2015 e da Lei nº 9.307/1996.

Até mesmo porque, conforme asseverado anteriormente, a estabilização da tutela antecipada na hipótese de a parte não

---

[30] BERALDO, Leonardo de Faria. O Impacto do Novo Código de Processo Civil na Arbitragem. **Revista de Arbitragem e Mediação.** v. 49, p. 175-200, Abr. 2016. Disponível em: <. http://revistadostribunais.com.br/maf/app/resultList/document?&src=rl&srguid=i0ad6adc600000158b763ea75c80acfa3&docguid=Ia562d75032b011e69411010000000000&hitguid=Ia562d75032b011e6941101000000000&spos=1&epos=1&td=1&context=136&crumbaction=append&crumblabel=Documento&isDocFG=false&isFromMultiSumm=&startChunk=1&endChunk=1>. Acesso em: 30 nov. 2016. (Paginação da versão eletrônica difere da versão impressa).

impugnar a decisão que concede a tutela de urgência, não se presta à formação de coisa julgada material. Este é o teor do artigo 304, § 6º, do Código de Processo Civil de 2015.

Outro não é o entendimento de Fernando da Fonseca Gajardoni ao defender que:

> A decisão judicial que concede tutela antecipada, uma vez estabilizada pela não oposição de recurso pelo interessado, é dotada de ultratividade. Tem estabilidade e continua a produzir efeitos, ainda que não confirmada ou absorvida por uma sentença fundada em cognição exauriente (artigo 304, § 3º, CPC/2015). Todavia, conforme o artigo 304, § 6º, CPC/2015, a decisão que concede a tutela – posto que fundada em cognição sumária (provisória) – não fará coisa julgada, mas a estabilidade dos respectivos efeitos só será afastada por decisão que a revogar, proferida em ação ajuizada por uma das partes, nos termos do § 2º do dispositivo. A ultratividade dos efeitos da tutela antecipada estabilizada, assim, perdura, apenas, enquanto não for proferida sentença fundada em cognição exauriente, em ação futura ajuizada por uma das partes. Nessa medida, portanto, a tutela antecipada cujos efeitos foram estabilizados continua a ser provisória, pois nada impede que os reflexos dessa decisão sejam revisados em outra ação, inclusive para afirmar, em cognição profunda e exauriente, que a tutela provisória não deveria ter sido deferida (v.g., determinado o fim de um tratamento médico deferido antecipadamente, ou a cessação da obrigação de não fazer consistente na não exploração de determinada atividade econômica)[31].

---

[31] GAJARDONI, Fernando da Fonseca. **Teoria Geral do Processo, Comentários ao CPC de 2015. Parte Geral**, São Paulo: Método, Disponível em: <http://lelivros.top/categoria/direito/>. Acesso em: 30 nov. 2016.

Nesta toada, não há razão para esvaziar-se o processo arbitral ao qual as partes optaram, por livre e espontânea vontade, por meio da convenção de cláusula compromissória, notadamente porque a estabilização da tutela antecipada antecedente não faz coisa julgada material e não encerra o mérito da demanda que seria discutida pela arbitragem, esta sim capaz de engendrar uma sentença formadora de coisa julgada material, nos termos do artigo 31 da Lei nº 9.307/1996.

Por derradeiro, à revelia das motivações essencialmente técnicas e jurídicas, é oportuno ressaltar que admitir-se a estabilização da tutela antecipada pré-arbitral violaria a convenção arbitral contratada livremente entre as partes, com fulcro no princípio da autonomia da vontade previsto no artigo 421 do Código Civil[32].

A arbitragem trata-se de instituto de exercício de jurisdição privada que demorou cerca de vinte anos para consolidar-se no Brasil, o qual, portanto, não haverá de ser sufragado por interpretações equivocadas e restritivamente processualistas acerca das novéis legislações em vigor.

E mesmo para aqueles doutrinadores, operadores do direito e estudiosos, os quais empreendem verdadeira ode ao processo civil brasileiro, o Novo Código de Processo Civil, em seu artigo 42, preceitua que as causas cíveis serão processadas e decididas pelo juiz nos limites de sua competência, ressalvado às partes o direito de instituir juízo arbitral, na forma da lei, conferindo à arbitragem a roupagem de reconhecido órgão jurisdicional privado.

Com esta premissa, não poderá ser desprezado o caráter obrigatório da convenção arbitral estatuída entre as partes, o qual é reconhecido, inclusive, pelo Código de Processo Civil

---

[32] Art. 421. A liberdade de contratar será exercida em razão e nos limites da função social do contrato.

ao determinar, com base no artigo 485, inciso VII, do CPC/15, que o juiz não resolverá o mérito da demanda quando acolher a alegação de existência de convenção de arbitragem ou quando o juízo arbitral reconhecer sua competência.

Muito além dos argumentos processuais, não é admissível sufragar a arbitragem enquanto procedimento facilitador do ambiente de negócios no Brasil, vez que muitas empresas brasileiras e potenciais investidores estrangeiros não mais estão dispostos a dirimir os seus conflitos no âmbito do Poder Judiciário.

Repisa-se, portanto, o caráter precário da atuação do Poder Judiciário porquanto as partes tenham escolhido a arbitragem para dirimir e pacificar o conflito entre elas existente.

4. O Negócio Jurídico Processual Firmado entre as Partes para Aplicação do Código de Processo Civil de 2015 ao Processo Arbitral

Embora o tema Negócio Jurídico Processual esteja sendo referenciado atualmente como um novo instituto processual, para aqueles que litigam em procedimentos arbitrais aludido instituto já lhes é familiar.

Consoante prevê o artigo 2º, § 1º, da Lei nº 9.307/1996, as partes poderão escolher, livremente, as regras de direito que serão aplicadas na arbitragem, desde que não haja violação aos bons costumes e à ordem pública.

Face ao exposto, às partes é outorgado o direito de ditarem as normas procedimentais que regerão o processo arbitral conforme melhor lhes convier, não sendo obrigatória a aplicação das normas procedimentais contidas no Código de Processo Civil.

Neste aspecto, é importante destacar que as normas essencialmente processuais e os princípios constitucionais são sempre obrigatórios no âmbito da arbitragem e de qualquer procedimento jurisdicional, a exemplo do direito ao contraditório, ao devido processo legal e à ampla defesa.

Fazendo alusão ao assunto em debate, Eduardo Arruda Alvim afirma que:

> [...] na arbitragem as partes podem escolher livremente as normas processuais que regerão o processo arbitral (art. 21, da Lei 9.307/1996), desde que se respeite as garantias constitucionais do processo (v.g. princípios do contraditório, da igualdade das partes, da imparcialidade do árbitro e de seu livre convencimento – art. 21, § 2º, da Lei 9.307/1996) e não haja violação aos bons costumes e à ordem pública (art. 2º, § 1º, Lei 9.307/1996)[33].

Contudo, isto, por certo, não induz à aplicação automática do instituto da estabilização da tutela antecipada antecedente em detrimento do processo arbitral convencionado entre as partes, principalmente porque, como visto, referida estabilização é incompatível com a essência e os ditames legais atinentes à arbitragem.

Em que pesem os argumentos debatidos, embora seja pouco provável a sua utilidade prática, não é impossível que as partes convencionem e negociem processualmente a possibilidade de estabilização da tutela antecipada pré-arbitral, no caso da parte demandada não interpor o recurso apropriado contra a decisão que conceder à parte contrária as benesses das tutelas de urgência.

Trata-se, por óbvio, da aplicação do já referenciado artigo 2º, § 1º, da Lei de Arbitragem, não obstante a viabilidade de fundamentação no artigo 190 do Código de Processo Civil de 2015, cujo teor versa a respeito dos negócios jurídicos processuais atípicos[34].

---

[33] ALVIM, Eduardo Arruda, op.cit., p. 175-200.
[34] Art. 190. Versando o processo sobre direitos que admitam autocomposição, é lícito às partes plenamente capazes estipular mudanças no procedimento para

A propósito, sobre os Negócios Jurídicos Processuais, Fredie Didier Jr. afirma que:

> O princípio do respeito ao autorregramento da vontade no processo visa, enfim, à obtenção de um ambiente processual em que o direito fundamental de autorregular-se possa ser exercido pelas partes sem restrições irrazoáveis ou injustificadas[35].

Justamente por isso, basilar que neste trabalho conste a possibilidade das partes negociarem processualmente a aplicação da estabilização da tutela antecipada pré-arbitral quando aquele contra a qual a tutela de urgência for concedida não se insurgir pela via processual adequada.

Posicionamento ainda mais ousado é aquele defendido por Pedro Guilhardi, segundo o qual

> [...] parece ser a solução mais adequada, a estabilização da tutela provisória antecipada aplica-se em procedimentos pré-arbitrais, devendo a parte interessada, no entanto, ajuizar a ação prevista no art. 304, § 2º, do Código de Processo Civil perante o juízo arbitral, eis que é este quem detém jurisdição sobre a matéria de fundo da disputa[36].

Vale dizer, Pedro Guilhardi, embora posição minoritária na doutrina, busca conciliar a estabilização da tutela antecipada antecedente com a arbitragem, aduzindo, para tanto, que uma vez estabilizada a tutela de urgência pré-arbitral, a sua revisão, reforma ou invalidação deverá ser discutida por meio do

---

ajustá-lo às especificidades da causa e convencionar sobre os seus ônus, poderes, faculdades e deveres processuais, antes ou durante o processo.
[35] DIDIER JUNIOR, Fredie. **Negócios Processuais. 2. ed,** Salvador: Jus Podivm, 2016. p.34.
[36] GUILHARDI, Pedro, op.cit., p.67-101.

processo arbitral, compatibilizando a cláusula compromissória arbitral com a ação prevista no artigo 304, § 2º, do CPC/15. Entretanto, e ainda que louváveis sejam as posições doutrinárias vanguardistas, destaca-se: trata-se de hipótese excepcional e fruto de negociação processual entre as partes, as quais devem ser analisadas com a devida cautela e parcimônia.

Conclusão

Em vista do exposto neste artigo, conclui-se pela incompatibilidade, de forma automática, da estabilização da tutela antecipada pré-arbitral, mesmo diante da ausência de recurso pela parte demandada afetada pela concessão da tutela de urgência, tendo em vista que a via recursal não seria o único meio oportuno para impugnação da tutela de urgência, pois esta poderá ainda ser discutida quando da instauração do processo arbitral, vide o comando legal do artigo 22-B Lei nº 13.129/2015.

Ainda assim, conforme foi ponderado, é possível a estabilização da tutela antecipada requerida em caráter antecedente à arbitragem, quando as partes assim o convencionarem por meio da celebração de negócios processuais, estes, aliás, tão inerentes ao processo arbitral, eis a possibilidade de autorregramento de conflitos.

Referências

ALVIM, Eduardo Arruda. Direito Processual Arbitral: natureza processual da relação jurídica arbitral e incidência do Direito Constitucional Processual. **Revista de Processo**. v. 234, p. 365-388, Ago. 2014. Disponível em:< http://revistadostribunais.com.br/maf/app/resultList/document?&src=rl&srguid=i0ad6adc600000158b761afd0a2da9b08&docguid=I76f5d600116111e49e87010000000000&hitguid=I76f5d600116111e49e87010000000000&spos=1&epos=1&td=1&context=121&crumbaction=append&crumb-label=Documento&isDocFG=false&isFromMultiSumm=&startChunk=1&endChunk=1>. Acesso em: 30 nov. 2016. (Paginação da versão eletrônica difere da versão impressa).

BERALDO, Leonardo de Faria. O Impacto do Novo Código de Processo Civil na Arbitragem. **Revista de Arbitragem e Mediação**. v. 49, p. 175-200, Abr. 2016. Disponível em: <. http://revistadostribunais.com.br/maf/app/resultList/document?&src=rl&srguid=i0ad6adc600000158b763ea75c80acfa3&docguid=Ia562d75032b011e69411010000000000&hitguid=Ia562d75032b011e69411010000000000&spos=1&epos=1&td=1&context=136&crumb action=append&crumblabel=Documento&isDocFG=false&isFromMultiSumm=&startChunk=1&endChunk=1>. Acesso em: 30 nov. 2016. (Paginação da versão eletrônica difere da versão impressa).

BUENO, Cassio Scarpinella. **Novo Código de Processo Civil Anotado**. 1 ed, São Paulo: Saraiva, 2015, p. 226.

CARMONA, Carlos Alberto. "Árbitros e Juízes: Guerra ou Paz?". In MARTINS, Pedro Batista; LEME, Selma M. Ferreira; e CARMONA, Carlos Alberto. **Aspectos fundamentais da Lei de Arbitragem**. Rio de Janeiro: Forense, 1999. p. 431.

DIDIER JUNIOR, Fredie. **Negócios Processuais**. 2. ed, Salvador: Jus Podivm, 2016. p.34.

DINAMARCO, Cândido R. **Instituições de direito processual civil**: volume I. 8. ed., rev. e atual. segundo o Novo Código de Processo Civil. São Paulo: Malheiros, 2016, p. 253.

DINAMARCO, Cândido R.; LOPES, Bruno Vasconcelos Carrilho. **Teoria Geral do Novo Processo Civil, de acordo com a Lei 13.256, de 4.2.2016**. 1 ed, São Paulo: Malheiros, 2016, p. 27.

FREIRE ,Alexandre; RODOVALHO,Thiago; CAHALI, Francisco José (Org.). **Arbitragem, Estudos sobre a Lei n. 13.129, de 26-5-2015**. 1 ed. São Paulo: Saraiva, 2016. p. 238.

GAJARDONI, Fernando da Fonseca. **Teoria Geral do Processo, Comentários ao CPC de 2015**. Parte Geral, São Paulo: Método, Disponível em: <http://lelivros.top/categoria/direito/>. Acesso em: 30 nov. 2016.

GUILHARDI, Pedro. Medidas de Urgência na Arbitragem, Interim measures and arbitration. **Revista de Arbitragem e Mediação**. v. 49, p. 67-101, Abr. 2016. Disponível em: <. http://revistadostribunais.com.br/maf/app/resultList/document?&src=rl&srguid=i0ad6adc600000158b75f7f8f981342e3&docguid=Ia50b1a6032b011e69411010000000000&hitguid=Ia50b1a6032b011e69411010000000000&spos=1&epos=1&td=2&context=104&crumbaction=append&crumb-label=Documento&isDocFG=false&isFromMultiSumm=&startChunk=1&endChunk=1>. Acesso em: 30 nov. 2016. (Paginação da versão eletrônica difere da versão impressa).

LEMES, Selma. A Inteligência do Art. 19 da Lei de Arbitragem (Instituição da Arbitragem) e as Medidas Cautelares Preparatórias. **Revista de Direito Bancário e do Mercado de Capitais**. v. 20, p. 411-423, Abr. 2003. Disponível em: <http://revistadostribunais.com.br/maf/app/resultList/document?&src=rl&srguid=i0ad6adc600000158b75754e2412bd603&docguid=I7f554920f25211dfab6f010000000000&hitguid=I7f554920f25211dfab6f010000000000&spos=11&epos=11&td=28&context=84&crumbaction=append&crumb-label=Documento&isDocFG=false&isFromMultiSumm=&startChunk=1&endChunk=1>. Acesso em: 30 nov. 2016. (Paginação da versão eletrônica difere da versão impressa).

ROCHA, José de Albuquerque. Instituições Arbitrais In. SALES, Lilia Maia de Morais et AL. **Estudos sobre Mediação e Arbitragem**. Rio de Janeiro: abc,2003.,p.95

TALAMINI, Eduardo. Arbitragem e a Tutela Provisória no Código de Processo Civil de 2015. **Revista de Arbitragem e Mediação**, v. 46, p. 287-313, Jul. 2015. Disponível em: <http://revistadostribunais.com.br/maf/app/resultList/document?&src=rl&srguid=i0ad6adc500000158b751e12282e5dd88&docguid=Idb56c4106d8611e59dfb010000000000&hitguid=Idb56c4106d8611e59dfb010000000000&spos=4&epos=4&td=60&context=38&crumbaction=append&crumblabel=Documento&isDocFG=false&isFromMultiSumm=&startChunk=1&endChunk=1> Acesso em: 30 nov. 2016. (Paginação da versão eletrônica difere da versão impressa).

Legislação e jurisprudência

BRASIL. Lei nº 13.105, de 16 de março de 2015. Código de Processo Civil. Palácio do Planalto Presidência da República, Brasília, DF, 16 mar. 2015. Disponível em: <https://www.planalto.gov.br/ccivil_03/_ato2015-2018/2015/lei/l13105.htm>. Acesso em: 30 nov. 2016.

BRASIL. Lei n° 13.129, de 26 de maio de 2015. Altera a Lei n° 9.307, de 23 de setembro de 1996, e a Lei nº 6.404, de 15 de dezembro de 1976, para ampliar o âmbito de aplicação da arbitragem e dispor sobre a escolha dos árbitros quando as partes recorrem a órgão arbitral, a interrupção da prescrição pela instituição da arbitragem, a concessão de tutelas cautelares e de urgência nos casos de arbitragem, a carta arbitral e a sentença arbitral, e revoga dispositivos da Lei no 9.307, de 23 de setembro de 1996. Palácio do Planalto Presidência da República, Brasília, DF, 26 maio. 2015. Disponível em: <http://www.planalto.gov.br/ccivil_03/_Ato2015-2018/2015/Lei/L13129.htm>. Acesso em: 30 nov. 2016.

BRASIL. Lei nº 9.307, de 23 de setembro de 1996. Dispõe sobre a arbitragem. Palácio do Planalto Presidência da República, Brasília, DF, 23 set. 1996. Disponível em: <http://www.planalto.gov.br/ccivil_03/LEIS/L9307.htm>. Acesso em: 30 nov. 2016.

BRASIL. Decreto-Lei nº 4.657, de 4 de setembro de 1942. Lei de Introdução às normas do Direito Brasileiro. Palácio do Planalto Presidência da República, Rio de Janeiro , 4 set. 1942. Disponível em: < https://www.planalto.gov.br/ccivil_03/decreto-lei/Del4657compilado.htm>. Acesso em: 30 nov. 2016.

BRASIL. Constituição da República Federativa do Brasil de 1988. Palácio do Planalto Presidência da República, Brasília, DF, 5 out. 1988. Disponível em: < http://www.planalto.gov.br/ccivil_03/constituicao/constituicaocompilado.htm>. Acesso em: 30 nov. 2016.

BRASIL. Superior Tribunal de Justiça. Direito Processual Civil. Arbitragem. Medida Cautelar. Competência. Juízo Arbitral. Não Constituído. Relator: Nancy Adrighi. Brasília, 12 jun. 2012. Superior Tribunal de Justiça. Disponível em: http://www.stj.jus.br/sites/STJ. Acesso em 30 nov. 2016.

Responsabilidade Civil Contratual pela Desistência Unilateral de Celebrar o Contrato Definitivo após o Aceite da Proposta de Compra e Venda de Energia Elétrica no Ambiente de Contratação Livre – ACL

Juliana Dal Sasso Vilela de Andrade

Introdução

A energia elétrica é gerada por usinas e injetada no Sistema Interligado Nacional (SIN), chegando ao consumidor final através das redes de transmissão e distribuição, independentemente do ambiente em que será comercializada – Ambiente de Contratação Livre (ACL) ou Ambiente de Contratação Regulado (ACR), também conhecidos como mercado livre e cativo, respectivamente[1].

---

[1] O mercado livre de energia elétrica no Brasil começou a se desenhar na década de 1990, quando, buscando atrair investimentos da iniciativa privada, o Governo Federal autorizou que a comercialização de energia se desse em condições negociadas livremente entre consumidores, geradores e comercializadores. Com a grave crise de racionamento no início dos anos 2000, houve um movimento de reestruturação das normas do setor e uma tentativa de aperfeiçoar a regulação a fim de dar ao ACL maior visibilidade. Mais intensamente a partir daquele momento, e ainda que aos poucos, os consumidores de médio e grande porte passaram a gerir seu consumo e seus custos com energia elétrica, escolhendo seus fornecedores após processos de cotação que estimulavam os vendedores a apresentar melhores condições.

Os consumidores cativos estão obrigados a adquirir energia elétrica da Concessionária de Distribuição à qual estão conectados. Neste caso, o contrato é regulado e o pagamento é feito por Tarifa de Energia (TE) fixada e reajustada periodicamente pela Agência Nacional de Energia Elétrica – ANEEL para cada Concessionária.

Já os que atendem a determinados requisitos legais para que sejam considerados consumidores livres[2] ou especiais[3] podem optar por adquirir a energia elétrica consumida no ACL através da livre negociação e contratos bilaterais[4] celebrados diretamente com geradores ou comercializadores[5] – os chamados Contratos de Compra e Venda de Energia Elétrica (CCVEEs).

Em ambos os casos os consumidores são atendidos pela rede de distribuição da Concessionária do local onde estão localiza-

---

[2] Consumidor Livre é o agente da Câmara de Comercialização de Energia Elétrica – CCEE que adquire energia elétrica no Ambiente de Contratação Livre – ACL para unidades consumidoras que satisfaçam, individualmente, os requisitos dispostos nos artigos 15 e 16 da Lei nº 9.074, de 07 de julho de 1995.

[3] Consumidor Especial é o agente da CCEE que adquire energia elétrica proveniente de empreendimentos de geração enquadrados no §5º do artigo 26 da Lei nº 9.427, de 26 de dezembro de 1996, para unidade consumidora ou unidades consumidoras reunidas por comunhão de interesses de fato ou de direito cuja carga seja maior ou igual a 500 kW e que não satisfaçam, individualmente, os requisitos dispostos nos artigos 15 e 16 da Lei nº 9.074/1995. Vide também Resolução Normativa ANEEL nº 247/2006.

[4] Conforme artigo 47 do Decreto nº 5.163, de 30 de julho de 2004.

[5] Geradores são "empresas com ativos de geração, que exercem tal atividade sob regime de serviço público, produção independente ou autoprodução" e comercializadores são "empresas que não possuem ativos de geração, mas podem adquirir energia elétrica de geradores e outros comercializadores para revenda" MAGALHÃES, Gerusa. Comercialização de Energia Elétrica no Ambiente de Contratação Livre: uma análise regulatório-institucional a partir dos contratos de compra e venda de energia elétrica. 2009. 139f. Dissertação (Mestrado em Energia) – Programa de Pós-Graduação em Energia da Universidade de São Paulo (Escola Politécnica/Faculdade de Economia, Administração e Contabilidade / Instituto de Eletrotécnica e Energia / Instituto de Física). São Paulo. p. 28.

das suas unidades consumidoras e, pelo uso do sistema, pagam as mesmas tarifas e encargos[6].

Conforme explica Carolina Ribeiro Coelho:

> [...] enquanto o consumidor cativo absorve incertezas e erros e acertos do planejamento centralizado e governo e da distribuidora, participando do rateio dos custos da diferença entre geração programada e realizada, o consumidor livre é responsável por gerir incertezas e por seus erros e acertos na decisão de contratação, tomando para si a tarefa de gerir suas compras de energia e os riscos associados[7].

O foco deste trabalho são os consumidores livres e especiais, atuantes no ACL, e o processo de comercialização de energia elétrica que se dá através de contratos bilaterais e livremente negociados.

A comercialização de energia elétrica no mercado livre

Há, no mercado de energia elétrica, uma importante separação entre o mundo físico e o mundo contratual.

Como a corrente elétrica só pode ser verificada através de instrumentos de medição e circula na rede sem que seja possível atribuir a origem do elétron a determinado gerador, a sua contabilização somente é possível em um ambiente virtual, sendo que a efetiva entrega do produto energia elétrica adquirido se dá através do registro do CCVEE na Câmara de Comercialização de Energia Elétrica – CCEE pelo vendedor e sua correspondente validação pelo comprador[8].

---

[6] Artigo 15, §6º da Lei nº 9.074/1995.
[7] COELHO, Carolina Ribeiro. Energia Elétrica: Contratos e Gestão de Risco. 2011. Monografia (LL.M.) – Insper Instituto de Ensino e Pesquisa, São Paulo, 2011. p. 32.
[8] Artigo 56 do Decreto nº 5.163/2004.

Assim diz Ricardo Gobbi Lima:

> [...] A medida de energia é padronizada, seus contratos podem ser padronizados e assim negociados livremente. É fungível, no sentido de que pode ser livremente trocada ou substituída por outra de mesma natureza, ou por outro contrato. No caso do mercado brasileiro, isso é ainda mais evidente: existe uma clara separação entre o mundo físico (do despacho – gerido pelo ONS, que determina quais usinas devem produzir a cada momento) e o contratual, cujos registros e liquidações se dão no ambiente da CCEE [...]. A existência de um contrato de compra e venda não significa que haja entrega física associada[9].

O contrário também é verdadeiro – a inexistência de um CCVEE não significa que não haverá entrega física à unidade consumidora.

Como visto, esse registro é uma formalidade que serve apenas para contabilização e liquidação na CCEE[10], já que, no mundo físico, a energia circula livremente pelo SIN e o consumidor livre ou especial receberá energia elétrica em sua unidade mesmo que não haja contratos registrados em seu nome.

Os consumidores são obrigados por lei a garantir o atendimento à totalidade de sua carga mediante contratação com um ou mais fornecedores[11] e a punição por não ter seu consumo lastreado[12] não é a suspensão do fornecimento de energia

---

[9] LIMA, Ricardo Gobbi. **Comercialização de Energia Elétrica – Alguns Conceitos e Princípios** in LANDAU, Elena et al., **Regulação Jurídica do Setor Elétrico**, Rio de Janeiro: Lumen Juris, 2006. 365-376p.
[10] Resolução ANEEL nº 109/2004.
[11] Artigo 15, §7º da Lei nº 9.074/1995.
[12] Lastro: "obrigação apurada na CCEE; os vendedores podem demonstrar seu cumprimento com base na geração própria e contratos de compra. Os compradores devem demonstrá-lo por meio de contratos de compra. A

elétrica[13], que seria uma consequência no mundo físico, mas, sim, uma penalização financeira na CCEE[14] decorrente do déficit de contratos apurado na liquidação, que é uma consequência no mundo virtual.

Os processos de contratação de energia elétrica por consumidores livres e especiais

Os agentes que negociam a comercialização da energia elétrica o fazem primeiro de forma preliminar, através do que o mercado denomina "proposta comercial".

As propostas não costumam ter mais que duas folhas e, na maior parte das vezes, a concordância do comprador se dá por e-mail. Esses acordos preliminares geralmente ocorrem meses

---

complementação ex-post é permitida. O cálculo do lastro considera média móvel". MAGALHÃES, Gerusa. **Comercialização de Energia Elétrica no Ambiente de Contratação Livre: uma análise regulatório-institucional a partir dos contratos de compra e venda de energia elétrica.** 2009. 139f. Dissertação (Mestrado em Energia) – Programa de Pós-Graduação em Energia da Universidade de São Paulo (Escola Politécnica/Faculdade de Economia, Administração e Contabilidade / Instituto de Eletrotécnica e Energia / Instituto de Física). São Paulo. p. 29.

[13] "Quando a CCEE apura um déficit energético, isto é, uma falta de energia contratada em determinado período, aplica penalidades, calculadas por meio do Valor Anual de Referência – VR. Evidente que na operação física do sistema, excetuando-se condições de racionamento ou de interrupção acidental de fornecimento, nenhum consumidor adimplente deixa de ter suas necessidades energéticas atendidas, mas a contabilização negativa é penalizada justamente para se garantir o equilíbrio do sistema energético" (Coelho, Carolina Ribeiro. **Energia Elétrica: Contratos e Gestão de Risco.** 2011. Monografia (LL.M.) – Insper Instituto de Ensino e Pesquisa, São Paulo, 2011. p.120-121.

[14] As penalidades na CCEE são apuradas sempre no início do mês subsequente ao mês de consumo. Assim, caso seja verificado que a unidade consumidora não lastreou seu consumo do mês anterior com contratos suficientes, serão aplicadas penalidades nos termos das Regras e Procedimentos de Comercialização da CCEE, que estão disponíveis em: http://www.ccee.org.br. Acesso em 17 nov. 2016.

antes do efetivo início do suprimento/registro e, na maior parte das vezes, preveem prazo de vigência contratual que varia entre 12 e 36 meses para a entrega mensal da energia contratada (período de suprimento).

Nas propostas devem constar o preço, o prazo, a forma de garantia e principais condições de utilização da energia (sazonalização[15], flexibilidade[16] e modulação[17]).

Assim, uma proposta para atendimento de uma unidade consumidora no ACL durante os anos de 2019 a 2021 poderia ser fechada em novembro de 2017, por exemplo, pouco mais de um ano antes do início do suprimento.

No período entre a assinatura da proposta e o início do suprimento as partes precisam negociar os pontos do CCVEE que não constam na proposta – inadimplemento, encargos de mora, condições de rescisão, responsabilidade das partes, etc.

Para permitir uma melhor análise dos argumentos apresentados neste trabalho, sugere-se considerar o cenário trazido a seguir.

Exemplificando

Sugere-se considerar que nessa proposta de novembro de 2017 as partes tenham acordado a comercialização de 1 MW médio de energia elétrica pelo preço de R$ 200,00/MWh, que seria o preço de mercado naquele momento.

Considere também que a energia elétrica é uma commodity cujos preços flutuam constantemente por influência de inúmeras variáveis – meteorológicas, regulatórias e de mercado.

---

[15] Distribuição do volume anual em todos os meses de vigência do contrato no ano, proporcionalmente ao número de horas de cada mês.
[16] Montantes de energia definidos conforme percentual de atendimento à carga verificada, sendo balizados por limites mínimo e máximo.
[17] Distribuição de um dado volume mensal de energia elétrica em todas as horas do respectivo mês.

Uma vez que a matriz energética brasileira é hidráulica, caso o período de chuvas entre 2017 e 2018 se apresente mais intenso que o originalmente previsto pelo Operador Nacional do Sistema Elétrico (ONS), o preço da energia, que em novembro de 2017 estava R$ 200,00/MWh, poderia facilmente cair para R$ 100,00/MWh no início de 2018.

Nesse cenário, o promitente comprador, que estaria discutindo os termos complementares do CCVEE para assiná-lo, poderá perceber que conseguiria comprar o mesmo montante de 1 MW médio de um terceiro por um preço muito menor, desistindo da assinatura do CCVEE com o primeiro vendedor.

E é nesse cenário, já visto tantas vezes nos últimos meses, que este trabalho se insere.

Agora que o mercado livre de energia elétrica já está devidamente apresentado e que uma proposta de comercialização já está exemplificada, a seguir serão delineadas as regras do direito contratual que entende-se serem aplicáveis ao caso.

Teoricamente, após o aceite formal da proposta firme, deveria estar garantido tanto ao vendedor quanto ao comprador que a obrigação ali mutuamente acordada será honrada. Correto?

Como se sabe que isso nem sempre acontece, será feita uma análise do significado jurídico das propostas comerciais aceitas e avaliação da real necessidade de se criar um contrato preliminar, instrumento intermediário entre as propostas e os contratos definitivos.

Também se questiona quais seriam os direitos das partes no caso de uma delas se recusar a assinar o CCVEE após ter se comprometido a adquirir ou vender determinado montante de energia elétrica ao final do processo de contratação.

Após a outra parte ter dado seu aceite na proposta, seria possível responsabilizá-la pela frustração do negócio acordado? Caberia algum pedido de indenização por perdas e danos pelo negócio desfeito antes mesmo de se concretizar? Em caso positivo, de que espécie de responsabilidade civil se estaria falando?

Alternativamente, seria possível forçar o cumprimento do que fora acordado?

A intenção deste trabalho é analisar, da perspectiva do agente vendedor, quais são os riscos dessa operação, o que significa uma desistência unilateral após a assinatura da proposta e, por fim, quais seriam as maneiras, se existentes, de tentar garantir ao vendedor maior segurança nesse processo.

1. A formação dos contratos

Para que seja possível estudar as propostas comerciais que antecedem um contrato paritário[18], é necessário que se entenda qual é a estrutura da formação desse instrumento.

Um contrato nada mais é que um acordo de vontades cujo objetivo é a criação, modificação ou extinção de direitos. Como qualquer negócio jurídico, sua efetivação exige objeto lícito, possível, determinado ou determinável, agentes capazes e forma prescrita ou não defesa em lei[19].

Nesse sentido é a muito conhecida "escada ponteana", desenvolvida por Pontes de Miranda, que indica os três planos necessários à formação dos contratos – existência, validade e eficácia[20].

Para que seja concretizado, o contrato deverá observar os planos da existência e validade, sendo celebrado por agentes capazes, cuja vontade tenha sido expressada livremente.

---

[18] Contratos paritários são os contratos em que as partes se encontram em igualdade de condições para discutir os termos do negócio, fixar as cláusulas contratuais e suas condições. Está diretamente ligado à vontade das partes, opondo-se aos chamados contratos por adesão.

[19] Art. 104, I a III do Código Civil brasileiro.

[20] TARTUCE, Flávio. **Direito Civil, v.3: teoria geral dos contratos e contratos em espécie**. 8ª ed. Rio de Janeiro: Ed. Forense, 2013. p.13.

O negócio pode, ainda, ter condições, termos e obrigações acessórias, que compõem o campo da eficácia, mas que, se inexistentes, não afetam sua validade.

Conforme explica Verçosa, a partir da disciplina do contrato emergem alguns pilares e princípios fundamentais: a relatividade, a liberdade contratual e a boa-fé[21].

A liberdade contratual está intimamente ligada ao consentimento na formação do negócio jurídico, que, por sua vez, muito interessa à discussão trazida neste trabalho. Sobre o assunto, a doutrina se divide em duas correntes predominantes – a voluntarista e a objetiva.

Nas palavras de Caio Mário da Silva Pereira:

> Enquanto os componentes da 'teoria da vontade' [...] entendem que se deve perquirir a vontade interna do agente, vontade real [...], de outro lado, os partidários da 'teoria da declaração' entendem que não se precisa do cogitar do querer interior do agente, bastando deter-se na declaração [...]. Para estes, qualquer declaração obriga, ainda que por mero gracejo. Para os primeiros cumpre pesquisar a realidade, seriedade, etc., da verdadeira vontade[22].

Triginelli, citando Junqueira de Azevedo, sintetiza que ambas as correntes pecam pelo "unilateralismo das definições", o que leva à ocorrência dos mesmos defeitos lógicos. Em conjunto, chegam a uma terceira corrente, mais completa e produto das teorias das duas antecedentes – "o negócio jurídico não é

---

[21] VERÇOSA, Haroldo Malheiros Duclerc. **Direito Comercial: teoria geral do contrato**. 2ª ed. rev., atual. e ampl. São Paulo: Editora Revista dos Tribunais, 2014. p.95.
[22] PEREIRA, Caio Mario da Silva. **Instituições de Direito Civil**, v. III, 20ª ed., 2016. p. 307.

uma simples manifestação de vontade, mas **uma manifestação de vontade qualificada**, ou uma **declaração de vontade**"[23].

Em outras palavras, para que exista o negócio jurídico, ambas as partes devem manifestar, expressa ou tacitamente[24], seu real interesse.

Segundo Washington de Barros Monteiro, "o consentimento é inferido de certos atos, positivos e induvidosos **que não seriam praticados sem o ânimo de aceitar a situação criada pelo contrato**"[25].

No mercado livre de energia elétrica, por óbvio, não é diferente.

Nesse sentido Gerusa Magalhães esclarece que aos CCVEEs aplicam-se as mesmas regras gerais do direito civil relativas aos contratos e negócios jurídicos, além das normas setoriais:

> [...] Os agentes que atuam no ACL devem observar em seus contratos bilaterais as normas setoriais em vigor, inclusive a regulação específica, que indica o conteúdo mínimo desses instrumentos: montantes, prazos, preços e garantias financeiras[26].

---

[23] AZEVEDO. **Negócio jurídico: existência, validade e eficácia** apud TRIGINELLI, Wania do Carmo de Carvalho. **Conversão de Negócio Jurídico.** Belo Horizonte: Del Rey, 2003. p.21. (grifo nosso)

[24] Art. 111 do Código Civil brasileiro.

[25] MONTEIRO, Washington de Barros; MALUF, Carlos Alberto Dabus. **Curso de Direito Civil: Direito das Obrigações.** v.5. 4ª Ed. São Paulo: Saraiva, 2015 apud COSTA, Eduardo Ganymedes. **Noções Gerais de Direito.** Curitiba: IESDE BRASIL S.A., 2008. p.14 (grifo nosso)

[26] MAGALHÃES, Gerusa. **Comercialização de Energia Elétrica no Ambiente de Contratação Livre: uma análise regulatório-institucional a partir dos contratos de compra e venda de energia elétrica.** 2009. 139f. Dissertação (Mestrado em Energia) – Programa de Pós-Graduação em Energia da Universidade de São Paulo (Escola Politécnica/Faculdade de Economia, Administração e Contabilidade / Instituto de Eletrotécnica e Energia / Instituto de Física). São Paulo. p. 32

Assim, aplicando-se aos CCVEEs os mesmos princípios do Direito Civil, este trabalho destacará o peso da declaração de vontade qualificada por ambas as partes, exarada através da apresentação e do aceite da proposta, e a responsabilidade civil pela desistência unilateral de contratar.

1.1. O período pré-contratual

Segundo Ademir de Oliveira Costa Junior, na formação de um contrato é possível identificar três momentos distintos: a fase pré-contratual, a fase contratual propriamente dita e a fase pós--contratual[27].

A fase pré-contratual, que é a de maior importância neste trabalho, é subdividida pela doutrina em fase de negociações preliminares, fase de propostas e fase de contrato preliminar.

1.1.1. A fase de negociações preliminares

As negociações preliminares dão início à primeira fase na formação de um contrato – são as conversas, estudos e sondagens que visam uma possível celebração de contrato no futuro. Essa fase não está expressamente prevista no Código Civil brasileiro, diferentemente do que acontece com a proposta, prevista no artigo 427 e o contrato preliminar, que está no artigo 462.

Por esse motivo a doutrina acaba se dividindo sobre a possibilidade de se imputar responsabilidade civil à parte que dê causa ao rompimento unilateral das tratativas nessa fase.

Conforme explica Lucchesi, há os que entendem que a frustração unilateral da expectativa de contratar na fase de negociações

---

[27] Costa Júnior, Ademir de Oliveira. A responsabilidade "post factum finitum" no direito civil e do consumidor. **Revista Jus Navigandi**, Brasil, ano 12, n. 1305, jan. 2007. Disponível em: <http://jus.com.br/artigos/9434>>. Acesso em: 21 nov. 2016.

preliminares não gera responsabilidade civil exatamente porque não está positivada no Código[28].

Existem também os que creem não haver diferença nesse aspecto entre os compromissos assumidos nessa fase e os assumidos em um contrato preliminar, que é considerado um negócio jurídico pelo Código Civil[29] – isso porque à fase de negociação prévia se aplicariam os princípios e regras gerais do mesmo Código[30].

De fato, apesar de não haver norma expressa para tutelar especificamente a fase de negociações preliminares, o Código Civil brasileiro é um código principiológico, sendo que a boa-fé objetiva funcionaria como princípio prefacial a toda a teoria dos contratos, conforme ensina Miguel Reale:

> [...] daí a opção, muitas vezes, por normas genéricas ou cláusulas gerais, sem a preocupação do excessivo rigorismo conceitual, a fim de possibilitar a criação de modelos jurídicos hermenêuticos, quer pelos advogados, quer pelos juízes, para contínua atualização dos preceitos legais. Nesse sentido, temos, em primeiro lugar, o art. 113, na Parte Geral, segundo o qual "os negócios jurídicos devem ser interpretados conforme a boa-fé e os usos do lugar de sua celebração". [...]. Lembro como outro exemplo o art. 422 que dispõe quase como prolegômenos a toda à teoria dos contratos, a saber: "Art. 422. Os contratantes são obrigados a guardar, assim como na conclusão do contrato, como em sua execução, os prin-

---

[28] LUCCHESI, Daisy. Responsabilidade Civil nas Negociações Preliminares ao Contrato – São Paulo, 2016. 47 folhas. Monografia (LL.M. Direito dos Contratos) – Insper Instituto de Ensino e Pesquisa, São Paulo, 2016.
[29] Cf. LUCCHESI, Daisy. **Responsabilidade Civil nas Negociações Preliminares ao Contrato** – São Paulo, 2016. 47 folhas. Monografia (LL.M. Direito dos Contratos) – Insper Instituto de Ensino e Pesquisa, São Paulo, 2016.
[30] Como o princípio da boa-fé objetiva do art. 422 do Código Civil brasileiro.

cípios de probidade e boa-fé". Frequente é no Projeto a referência à probidade e a boa-fé, assim como à correção (*corretezza*) [...][31].

Alexandre Gereto de Mello Faro diz que, até que a outra parte manifeste sua aceitação pelo negócio proposto, as partes não estariam vinculadas ao negócio em si, mas ao princípio da boa-fé objetiva através dos denominados "deveres anexos ou laterais" – lealdade, informação e proteção[32].

Neste trabalho não se pretende discutir esse aspecto. O problema para o qual busca-se apresentar soluções está em um momento posterior – o rompimento unilateral das tratativas após a assinatura da proposta, quando já encerrada a fase de negociações preliminares, mas ainda pendente a assinatura do contrato definitivo.

Ainda, apesar de aceitar-se como padrão a divisão ternária estabelecida pela doutrina, destaca-se que nas negociações do dia-a-dia essas fases se confundem e se fundem muitas vezes – e é exatamente o que acontece nos processos de compra e venda de energia elétrica, como se verá a seguir.

1.1.2. A proposta vinculante

Um processo de contratação poderia começar com uma conversa, sondagens ou estudos na fase de negociações prévias, mas é comum que no mercado livre de energia elétrica os processos se iniciem já na fase de cotação e propostas.

O que geralmente ocorre é a divulgação, por parte do potencial comprador, dos parâmetros do contrato que tem a intenção de celebrar – montante, prazo, condições de garantia, data pre-

---

[31] REALE, Miguel. **História do Novo Código Civil**, v. 1. São Paulo: Ed. Revista dos Tribunais, 2005. p.37.
[32] FARO, Alexandre Gereto de Mello. **Ensaio sobre a responsabilidade civil nas negociações preliminares**. 2014. 131 folhas. Monografia (LL.M. Direito dos Contratos) – Insper Instituto de Ensino e Pesquisa, São Paulo, 2013.

ferível para pagamento, quantidade de unidades consumidoras que deverão ser atendidas por esse contrato, etc.

Esses parâmetros são definidos pelo próprio interessado ou por empresas de consultoria contratadas especialmente para prestar serviços de gestão e assessoria no mercado livre de energia elétrica.

A divulgação do que habituou-se chamar "termo de referência" pode ser feita a todo o mercado ou a vendedores pré-selecionados, que, tendo interesse e disponibilidade para atender o pretendido pelo comprador, apresentarão suas propostas de venda.

Pela natureza do negócio, em sua grande maioria essas propostas são autodeclaradas "firmes", vinculando o proponente a seus termos[33] – na hipótese de o potencial comprador formalizar seu interesse, não haverá opção ao vendedor senão cumpri-la[34].

Para tanto, a proposta deverá ser séria, além de clara, completa e inequívoca, trazendo todos os elementos essenciais do negócio que se está propondo – preço, quantidade, forma de entrega, condições de pagamento, etc.

Cabe ao proponente apresentá-la em linguagem simples e compreensível, fornecendo todos os dados necessários ao esclarecimento do aceitante.

---

[33] Essa é também a regra geral prevista no art. 427 do Código Civil brasileiro. Os proponentes ficam vinculados à proposta apresentada, a menos que ocorram as hipóteses previstas no próprio art. 427 e no art. 428: (i) caso seus termos definam de outra forma ou caso a natureza do negócio ou as circunstâncias do caso levem a crer o contrário; (ii) se, feita sem prazo e a pessoa presente, não seja imediatamente aceita; (iii) se, feita sem prazo e a pessoa ausente, tiver decorrido tempo suficiente para chegar a resposta ao conhecimento do proponente ou (iv) se, antes da chegada da proposta ou de forma simultânea, chegue ao conhecimento da outra parte a retratação do proponente.

[34] Caso o comprador não aceite integralmente as condições que o vendedor indicou em sua proposta, este ficará automaticamente desvinculado da obrigação, cabendo apresentar nova proposta, caso queira.

Nas propostas de comercialização de energia elétrica, assunto principal deste trabalho, não somente a intenção de se vincular é clara como a natureza do negócio exige que seja assim, como será explicado a seguir.

Nisso se rematam as distinções entre as negociações preliminares e as propostas – como visto no capítulo anterior, a depender da situação é compreensível que se discuta se uma negociação preliminar foi amadurecida o suficiente para ser exequível, porém, após a formalização da proposta com suas características essenciais, cria-se na outra parte uma convicção sobre a real perspectiva de contratar, o que pode motivá-lo a fazer investimentos ou deixar de fazê-los, iniciar ou cessar atividades e se comprometer com terceiros.

Dessa forma, no momento da apresentação da proposta, já se tem uma das partes vinculadas ao futuro negócio – o proponente. Até que ocorra o aceite, é uma vinculação unilateral e, por definição, não é um contrato.

1.1.2.1. O momento da formação do negócio jurídico

Como se percebe e como já alertou Ademir de Oliveira Costa Júnior, a fase pré-contratual é pródiga em problemas jurídicos[35].

Tanto é assim que a doutrina diverge em vários aspectos de sua formação e consequências. Há, porém, um elemento sobre o qual a doutrina é uníssona e que indiscutivelmente transforma a proposta em um negócio jurídico: a clara e inequívoca manifestação de vontade no sentido de firmar o compromisso.

---

[35] HILSENRAD, Artur. **Las obligaciones precontractuales**. Trad. Faustino Menéndez Pidal, Madrid, Góngora. Madrid: Ed. Analecta Editorial, 2006. 219p. *apud* COSTA JÚNIOR, Ademir de Oliveira. A responsabilidade "post factum finitum" no direito civil e do consumidor. **Revista Jus Navigandi**, Brasil, ano 12, n. 1305, jan. 2007. Disponível em: <http://jus.com.br/artigos/9434>>. Acesso em: 21 nov. 2016.

Por esse motivo costuma-se dizer que o negócio jurídico bilateral é a formalização do acordo de vontades das partes. Nas palavras de Araken de Assis,

> A função da proposta consiste em suscitar o acordo que formará o contrato. É o primeiro momento da geração do contrato e, basicamente, um ato de comunicação. O contrato começa a ingressar no mundo jurídico por intermédio da proposta. **No plano da existência, o contrato se completará com a presença de três elementos – consentimento, objeto e forma**[36].

No mesmo sentido, Marcelo Leal de Lima Oliveira diz que "a aceitação é a manifestação de vontade através da qual o destinatário de uma oferta declara sua aceitação aos termos da proposta, **aperfeiçoando o contrato entre as partes**"[37].

Conclui-se, então, que o negócio jurídico se aperfeiçoa quando, após a proposta firme, se verifica o consentimento válido, a licitude do objeto e a forma não vedada pela lei – já haveria, nesse momento, o inequívoco vínculo entre as partes, não mais pela boa-fé, somente, mas pelos termos da proposta que ambas assinaram.

1.1.3. Os contratos preliminares

Pela lógica da divisão ternária das fases de uma contratação, no momento seguinte ao do aceite da proposta as partes poderiam optar por formalizar um terceiro instrumento, chamado contrato preliminar. Esse instrumento é entendido como negócio jurídico e é assim estabelecido pelo artigo 462 do Código Civil.

---

[36] ASSIS, Araken. **Comentários ao Código Civil Brasileiro** vol. 5. São Paulo: Revista dos Tribunais, 2007. p. 157. (grifo nosso)

[37] OLIVEIRA, Marcelo Leal de Lima. A Aurora na formação dos contratos: a oferta e a aceitação do clássico ao pós-moderno. **Revista dos Tribunais**, Brasil, v. 4, n. 15, jul/set 2003, p. 242-272. (grifo nosso)

Segundo Caio Mario da Silva Pereira, define-se o contrato preliminar como o instrumento através do qual as partes se comprometem a celebrar mais tarde outro contrato, que será o principal[38] – sua única função, portanto, seria garantir a futura contratação quando as partes não podem ou não querem, naquele momento, formalizar um contrato definitivo.

Quanto aos seus requisitos, nas palavras de Paulo Lôbo, o contrato preliminar "[deve] conter todos os requisitos essenciais do contrato definitivo (com exceção da forma), e cujo regramento se encontra nos artigos 462 a 466 do Código Civil"[39].

Sobre o assunto, Carlos Augusto da Silveira Lobo é objetivo:

> [...]trata-se do único instrumento jurídico disponível para que as partes desde logo se vinculem a um negócio, enquanto o requisito essencial de forma do contrato tipo, exigido do instrumento definitivo, aguarda preenchimento[40].

Questiona-se, porém, se seria realmente necessária a formalização de um novo instrumento em toda e qualquer situação para que a proposta seja reconhecida como negócio jurídico ou se a própria proposta aceita, a depender de seu conteúdo, já poderia ter a força vinculante garantida aos contratos preliminares pelo Código Civil.

O próprio Código, ao não exigir forma específica para a formação dos contratos preliminares, permitiria entender que este se formaria a partir da manifestação de vontade das par-

---

[38] PEREIRA, Caio Mario da Silva. **Instituições de Direito Civil**, v. III, 20ª ed., 2016. p. 81.
[39] LÔBO, Paulo. **Direito civil: contratos**. São Paulo: Saraiva, 2011. p.80.
[40] SILVEIRA LOBO, Carlos Augusto. **Contrato Preliminar** in TEPEDINO, Gustavo; FACHIN, Luiz Edson (coord.). **O direito e o tempo: embates jurídicos e utopias contemporâneas**. Rio de Janeiro: Ed. Renovar, 2008. p.313-324. (grifo nosso)

tes. Assim também entende a 2ª Câmara de Direito Privado do Tribunal de Justiça do estado de São Paulo:

> [...] Contrato preliminar que não se sujeita à forma escrita. Promessa de compra e venda que pode se dar de forma verbal, sendo viável a sua comprovação por meio de testemunhas. Inteligência do art. 462 do Código Civil. Necessária a dilação probatória para verificação dos pressupostos da demanda[41].

Sabe-se, até por uma previsão legal, que "os negócios jurídicos devem ser interpretados conforme a boa-fé e os usos do lugar de sua celebração"[42], e que, no dia-a-dia do mercado livre de energia elétrica, não é razoável que se exija, após manifestado o consentimento bilateral, que as partes celebrem um contrato intermediário apenas para garantir que não poderão desistir do negócio acordado, conforme será melhor esclarecido no próximo capítulo.

Como dito no primeiro capítulo, as propostas aqui tratadas são, por sua natureza, sucintas. Seu conteúdo se restringe ao objeto do futuro CCVEE.

Para que decida sobre a eventual contratação, ao comprador importa saber a quantidade de energia elétrica, o preço e reajuste, as condições de sazonalidade, flexibilização e modulação, eventual necessidade de apresentação de garantia financeira, além da forma de registro, se antecipado ou contra pagamento.

O envio das propostas e a formalização do aceite costumam ocorrer por e-mail, já que os prazos curtos de validade não são compatíveis com a troca de vias físicas[43].

---

[41] BRASIL. 2ª Câmara de Direito Privado do Tribunal de Justiça de São Paulo. Apelação nº 2016.0000681684. Relator: Des. Rosângela Telles. Data do julgamento: 20 set. 2016.
[42] Artigo 113 do Código Civil brasileiro.
[43] As propostas não costumam ter mais que 48 horas de validade em razão da constante oscilação dos preços da energia elétrica.

Manifestada a concordância por parte do promitente comprador, encerram-se as tratativas comerciais e, a partir desse momento, são os departamentos jurídicos das partes que seguem as conversas para negociar os pontos acessórios do CCVEE, como condições de rescisão, multas e atribuição de responsabilidades em geral.

A proposta, apesar de concisa, contém os requisitos essenciais do contrato definitivo, além de estabelecer, sem dar margem a dúvidas, quais são as obrigações principais do vendedor e do comprador.

Se a aceitação da proposta é a inequívoca manifestação da vontade de contratar, eventual obrigação de se formalizar um terceiro instrumento só aumentaria a insegurança das partes em uma negociação.

Porém, o que é claro em um cenário ideal, em que as partes aceitam e cumprem suas obrigações sem maiores questionamentos, adquire contornos muito subjetivos nos casos em que há desistência unilateral de contratar, que é exatamente o assunto deste trabalho.

1.2. A importância do cumprimento dos compromissos firmados para o bom funcionamento do mercado livre de energia elétrica

Sabe-se que os acertos das cláusulas acessórias do contrato definitivo podem levar meses, a depender das considerações das empresas envolvidas. Durante esse intervalo, as condições que foram tratadas como premissas para a negociação comercial – preço da energia elétrica, previsões de estudos setoriais e a própria situação econômica do país, por exemplo – podem sofrer alterações.

Remete-se ao exemplo dado no primeiro capítulo, em que um potencial comprador, após ter formalizado sua concordância com a proposta, opta por não assinar o contrato definitivo por vislumbrar a possibilidade de adquirir o mesmo montante de outro vendedor por preços mais convidativos.

Como a variação do preço da energia elétrica não poderia ser justificativa para a desistência do negócio já acordado, visto que sua oscilação é inerente ao próprio mercado, muitos são os motivos alegados pelas partes que se opõem a assinar o contrato definitivo para tentar dar à conduta desleal uma roupagem legal.

E quais são as consequências desse tipo de inadimplemento para o funcionamento do mercado livre?

Analisando-se a questão pelo prisma da boa-fé e lealdade, mesmo que o preço da energia elétrica no mercado aumentasse após o aceite da proposta, não seria correto (e legalmente nem mesmo seria possível) que o vendedor desistisse de seu compromisso para vender com maior margem de lucro a outro comprador aquele montante já negociado. Da mesma forma, caindo o preço, não seria correto que o comprador pudesse desistir de sua compra para adquirir energia elétrica mais barata de outro fornecedor.

E essa restrição tem uma razão de ser: se as partes pudessem abandonar seus compromissos a qualquer momento, o mercado de venda de energia elétrica em longo prazo não se sustentaria e em pouco tempo deixaria de existir. É certo que nesse cenário tanto o vendedor quanto o comprador, assim que percebessem no mercado uma possibilidade de vender ou comprar o mesmo montante em condições mais lucrativas, o fariam.

Havendo essa imprevisibilidade, a migração de um consumidor para o ACL seria apenas uma troca entre o custo imprevisível do mercado cativo e o custo igualmente imprevisível do mercado livre.

Isso significaria dizer que as propostas, aceitas ou não, não teriam qualquer valor.

Não seria verdadeiro o pressuposto do artigo 427 do Código Civil, que vincula o proponente aos termos de sua proposta.

Seria igualmente irreal a suposição de que o acordo entre duas partes faz lei entre elas.

O encerramento unilateral do relacionamento comercial é uma preocupação tão grande no mercado que os CCVEEs trazem sempre cláusulas que acabam inviabilizando o encerramento antecipado, seja por não permitir a rescisão unilateral ou por atribuir multas pesadas a essa alternativa[44] – e essas cláusulas estão presentes nos contratos dos agentes vendedores no mercado, sem exceção.

Sendo isso uma verdade, por que conferir proteção a essa transação somente após a assinatura do contrato definitivo quando o mercado precisa que esses acordos sejam cumpridos para se manter atrativo?

Deve-se lembrar que o mercado de energia elétrica é um mercado em expansão.

Tendo crescido exponencialmente nos últimos anos, incentivado pela crise econômica, pela alta das tarifas reguladas das Concessionárias de Distribuição e pela busca das empresas por economia, o ACL recebeu novos agentes não habituados às peculiaridades desse mercado.

Nos últimos meses percebeu-se uma tendência ao rompimento unilateral das propostas já aceitas por parte desses novos agentes e, quando o problema é levado à apreciação do Judiciário, ainda não há um tratamento uniforme sobre o assunto, tendo em vista a singularidade da mercadoria comercializada.

As disputas têm sido avaliadas sem que se leve em consideração essa importante questão: a proposta de compra e venda de energia elétrica no mercado livre deve ser compreendida como

---

[44] As multas costumam variar de 30% a 100% do equivalente ao remanescente do contrato, sendo na maior parte dos casos somados montantes relativos a perdas e danos, que serão valorados considerando a diferença entre o preço do contrato e o preço praticado pelo mercado para compra ou venda no momento da rescisão, o que também é chamado "energia de reposição".

um contrato preliminar, dando-se a ela uma força vinculativa e a garantia de execução.

2. Responsabilidade civil: o dever de responder pelo inadimplemento

Como já dito no primeiro capítulo, pretendia-se avaliar, da perspectiva do agente vendedor, os riscos da operação de venda de energia elétrica, quais são as consequências da desistência unilateral do promitente comprador após a assinatura da proposta e quais seriam as maneiras, se existentes, de garantir ao vendedor alguma proteção.

Os riscos já foram avaliados, cabendo demonstrar suas consequências à parte inadimplente e, em seguida, sugerir formas de evitar prejuízos aos vendedores.

Pois bem.

Quando ocorre um inadimplemento no universo de um negócio jurídico, as primeiras perguntas geralmente envolvem a possibilidade de se responsabilizar ou não a parte que deu causa ao rompimento – em outras palavras, surgem desde logo os questionamentos relativos à responsabilidade civil.

O famoso dicionário de vocabulário jurídico, De Plácido e Silva, define esse instituto como um

> [...] Dever jurídico, em que se coloca a pessoa, seja em virtude de contrato, seja em face de fato ou omissão, que lhe seja imputado, para satisfazer a prestação convencionada ou para suportar as sanções legais, que lhe são impostas. Onde quer, portanto, que haja obrigação de fazer, dar ou não fazer alguma coisa, de ressarcir danos, de suportar sanções legais ou penalidades, há a responsabilidade, em virtude da qual se exige a satisfação ou o cumprimento da obrigação ou da sanção[45].

---

[45] SILVA, De Plácido e. **Vocabulário jurídico conciso**. 1 ed. Ed. Forense – Rio de Janeiro. p. 642.

A responsabilidade civil, portanto, nada mais é que o dever de responder perante a contraparte ou a sociedade quando há a frustração de uma pretensão previamente estabelecida, seja de comum acordo ou pelo próprio sistema jurídico, caracterizando-se o ilícito civil.

Nas palavras de Sergio Cavalieri Filho,

> [...]ilícito civil é a transgressão de um dever jurídico. Quer na responsabilidade aquiliana, quer na contratual, não há definição mais satisfatória para o ilícito civil do que esta: **é a transgressão de um dever jurídico.**[...] **E em nada altera a essência da culpa se o dever jurídico violado tem por fonte um contrato, uma lei ou aquele dever genérico de não causar dano a ninguém**[46].

A responsabilidade civil pode ser subdividida em espécies, sendo importante para este trabalho a divisão entre responsabilidade civil contratual e responsabilidade civil extracontratual, também conhecida por responsabilidade aquiliana.

A diferenciação entre as espécies se dá, como se pressupõe pelo próprio nome, pela existência ou não de um contrato.

Enquanto na responsabilidade extracontratual a fonte do ilícito é o descumprimento de um dever legal genérico, como o dever de não causar dano a outrem, no caso da responsabilidade contratual o dever é cumprir as obrigações que as próprias partes que criam para si.

Até por uma questão de nomenclatura, tende-se a acreditar que ao causador de um inadimplemento na fase de contrato preliminar aplicam-se os conceitos de responsabilidade civil extracontratual, visto que o contrato propriamente dito ainda não teria se formalizado.

---

[46] CAVALIERI FILHO, Sergio. **Programa de Responsabilidade Civil.** 6ª ed. Ed. Malheiros – São Paulo. p. 295 (grifo nosso)

Porém, como se demonstra nestas páginas, entende-se que, com o aceite da proposta, a fase de negociações preliminares se finda e passa a existir entre as partes um dever maior que o de simplesmente observar a boa-fé e a lealdade nas negociações – surge o dever de honrar as obrigações que ali nasceram, fruto da própria vontade dos indivíduos.

Ainda de acordo com Sergio Cavalieri Filho,

> Na responsabilidade contratual [...] a vítima e o autor do dano já se aproximaram e se vincularam juridicamente antes mesmo da sua ocorrência, sendo, ainda, **certo que, sem essa vinculação, o prejuízo não seria verificado.** [...] Ademais, **na culpa contratual há a violação de um dever positivo de adimplir, o que constitui o próprio objeto da avença**, ao passo que na culpa aquiliana viola-se um dever negativo, isto é, a obrigação de não prejudicar, de não causar dano a ninguém[47].

Como visto, a responsabilidade civil contratual se manifesta quando o prejuízo é decorrente do vínculo existente entre as partes e da quebra da pretensão estipulada de comum acordo.

No exemplo trazido neste trabalho o vínculo se dá pela manifestação da inequívoca vontade de contratar energia elétrica por determinado período, a certo custo e em determinada quantidade, o que gera pretensões a ambas as partes.

Para que se caracterize a responsabilidade contratual devem existir (i) um contrato válido, (ii) a inexecução do contrato, (iii) o dano e (iv) o nexo causal.

A proposta de comercialização de energia elétrica supre o primeiro requisito, visto que a relação comprador-vendedor formalizada entre as partes é fundada pela autonomia da vontade,

---

[47] CAVALIERI FILHO, Sergio. **Programa de Responsabilidade Civil.** 6ª ed. Ed. Malheiros – São Paulo. p. 296.

manifestada inequivocamente pela apresentação e consequente aceite da proposta e regida pelas regras gerais do direito contratual, pelas regras do mercado em que esse relacionamento se insere e, principalmente, pelas regras particulares estipuladas pelas próprias partes[48]. É, portanto, um "contrato válido".

A 30ª Câmara de Direito Privado do Tribunal de Justiça do estado de São Paulo[49] corrobora essa tese, como se vê:

> **Evidente a natureza contratual do instrumento [termo de compromisso] ante a existência clara de duas declarações de vontade, convergentes, direcionadas ao mesmo objeto**, bem como inequívoca a consciência das responsabilidades decorrentes da ruptura injustificada, uma vez despertada na autora a expectativa legítima de que o contrato seria concluído [...]. Assim, **se um dos contratantes cria para o outro a expectativa legítima de contratar, privando-o, inclusive, de buscar melhores condições e preços, sem qualquer motivo, põe termo às negociações, o outro terá o direito de ser ressarcido dos danos que sofreu**, que, na hipótese, revelaram-se na diferença entre o preço prometido e aqueles efetivamente pagos.

O segundo requisito, "inexecução do contrato", se dá no momento em que uma das partes se recusa a assinar o contrato definitivo, o que gera o claro inadimplemento da obrigação antes acordada pelas partes, seja porque a promessa feita anteriormente impediu a outra parte de buscar a venda ou a compra

---

[48] Relembra-se aqui que no mercado de comercialização de energia elétrica as propostas precisam trazer as condições básicas para que a compra e venda se aperfeiçoe. Essas condições são o pilar da operação e, uma vez aceitas por ambas as partes, comprador e vendedor ficam a elas vinculadas.

[49] BRASIL. 30ª Câmara de Direito Privado do Tribunal de Justiça de São Paulo. Apelação nº 9198455-40.2009.8.26.0000. Relator: Des. Marcos Ramos. Data do julgamento: 28 set. 2011.

de energia elétrica em melhores condições, seja pelo simples descumprimento do que fora pactuado livremente.

Quanto ao terceiro e quarto pressupostos, "dano" e "nexo causal", se considerados os motivos pelos quais a vinculação das partes é tão necessária à manutenção do mercado livre de energia elétrica, como explicado no capítulo anterior, verifica-se que o dano decorrente do inadimplemento está, sem dúvida alguma, caracterizado.

Note-se que não há menção à "culpa". Isso porque, diferentemente do que ocorre no campo da responsabilidade extracontratual, na responsabilidade contratual ocorre a inversão do ônus da prova e a culpa, em regra, é presumida. Em outras palavras, ela não é relevante para a configuração do inadimplemento.

No exemplo trazido neste trabalho, portanto, para que ficasse caracterizada a responsabilidade civil, bastaria que uma parte demonstrasse que a obrigação que deveria ter sido cumprida pela outra parte não o foi.

Em sua defesa, caberia à parte inadimplente demonstrar que teria ocorrido algum excludente do próprio nexo causal – nesse sentido, segundo Hans Kelsen, a ordem jurídica poderia determinar que não teria se concluído um contrato criador de direito quando, por exemplo, uma das partes estivesse em posição de poder demonstrar que o sentido in-tendido (por ela visado) da sua declaração seria diferente daquele que lhe é atribuído pela outra parte[50].

Isso seria suficiente para descaracterizar a proposta como contrato preliminar, por consequência, permitiria à parte que desistiu do negócio discutir o inadimplemento no campo da responsabilidade extracontratual.

---

[50] KELSEN, Hans. **Teoria pura do direito** [tradução João Baptista Machado] – 6ª ed. São Paulo: Martins Fontes, 1998. p.286-287.

Para permitir a continuação da análise, porém, admite-se aqui que o caso trazido como exemplo se enquadra nos pressupostos da responsabilidade civil contratual. Nesse cenário, responde-se a questão que foi levantada no início deste trabalho: no caso da frustração do negócio pela desistência unilateral de contratar seria possível responsabilizar a parte que deu causa ao inadimplemento?

Como visto, o Código Civil brasileiro atribui aos contratos preliminares uma natureza de negócio jurídico, o que os separa das negociações preliminares. Uma vez entendidos como contratos propriamente ditos, em face de um inadimplemento é permitido à parte adimplente exigir a tutela específica da obrigação caso a outra parte se recuse a celebrar o contrato definitivo.

E em caso de mora, seria possível forçar o cumprimento do que fora acordado?

2.1. A tutela específica no descumprimento de contratos preliminares

Como sabido, mora é quando, muito embora ainda não cumprida a obrigação, ainda subsiste essa possibilidade, enquanto o inadimplemento propriamente dito indica a impossibilidade de cumprimento da obrigação originalmente pactuada.

Para os casos de inadimplemento caberiam apenas pedidos de ressarcimento por perdas e danos, visto que o cumprimento da obrigação, por diferentes motivos, já não seria uma medida satisfativa para a parte adimplente.

Já nos casos de mora no cumprimento de obrigações, o Direito brasileiro prevê mecanismos para satisfazer a pretensão da parte, garantindo a realização do que originalmente fora pactuado.

O Código de Processo Civil brasileiro permite que, para a efetivação da tutela específica, possa-se recorrer à fixação de multas diárias pelo descumprimento de decisões judiciais, bem como poderia a parte prejudicada requerer ao juízo que adotasse as medidas que entendesse necessárias para efetivar a pretensão requerida[51].

É nesse sentido a redação do artigo 463 do Código Civil brasileiro:

> Concluído o contrato preliminar, com observância do disposto no artigo antecedente, e desde que dele não conste cláusula de arrependimento, qualquer das partes terá o direito de exigir a celebração do definitivo, assinando prazo à outra para que o efetive.

Especificamente quanto às propostas de compra e venda de energia elétrica, o entendimento da 27ª Câmara de Direito Privado do Tribunal de Justiça do estado de São Paulo também é nesse sentido:

> Com efeito, diferente do quanto sustentado pela Agravante, não houve demonstração nos autos de que, de fato, as propostas de venda de energia elétrica por parte da Agravante foram aceitas pela Agravada, aperfeiçoando o suposto contrato preliminar (promessa de contrato), que geraria a obrigação de ambas as partes de celebrar um contrato definitivo, nos termos do art. 463 do CC [...][52].

---

[51] Artigo 536 do Novo Código de Processo Civil brasileiro: "No cumprimento de sentença que reconheça a exigibilidade de obrigação de fazer ou de não fazer, o juiz poderá, de ofício ou a requerimento, para a efetivação da tutela específica ou a obtenção de tutela pelo resultado prático equivalente, determinar as medidas necessárias à satisfação do exequente".

[52] BRASIL. 27ª Câmara de Direito Privado do Tribunal de Justiça de São Paulo. Agravo de Instrumento nº 0098184-74.2012.8.26.0000. Relatora Des. Berenice Marcondes Cesar. Data do julgamento: 19 jun. 2012.

Pela leitura da decisão destacada acima permite-se entender que, caso a parte agravante naqueles autos houvesse demonstrado satisfatoriamente que as propostas de venda de energia elétrica teriam sido aceitas pela agravada – o que aperfeiçoaria o contrato preliminar – haveria, sem dúvidas, a obrigação de celebrar um contrato definitivo.

Deve-se ressalvar, no entanto, que há casos em que a tutela específica não será possível.

Na circunstância de o comprador se recusar a formalizar o contrato definitivo, mesmo após decisão judicial que o obrigue, o contrato preliminar será resolvido e a parte inadimplente terá que indenizar a contraparte.

Segundo Renato Seixas:

> No caso específico da obrigação de fazer, a coerção do devedor é mais difícil. Não há meio técnico que obtenha do devedor, coercitivamente, a conduta de fazer que ele se nega a realizar. Pode-se condená-lo a fazer, pode-se impor contra ele penalidades pecuniárias enquanto ele se negar a fazer o que prometeu, mas não se pode constrangê-lo a fazer algo. **Se, apesar de todos os meios de coerção indireta, o devedor ainda se recusar a cumprir sua obrigação de fazer, então essa obrigação será resolvida em perdas e danos**. Isto quer dizer que a obrigação deixará de ser obrigação de fazer (algo) e se transformará em obrigação de dar (a indenização ao credor). A execução da obrigação de dar é mais fácil, pois o juiz determina a apreensão de bens do patrimônio do devedor, realiza a alienação judicial desses bens e entrega o produto dessa alienação ao credor. Ou, quando possível, o juiz manda buscar no patrimônio do devedor exatamente o bem devido ao credor e o entrega a este[53].

---

[53] SEIXAS, Renato. **Contratos Preliminares**, v.3. 2003. Revista em 2009. Disponível em: https://renatoseixas.files.wordpress.com/2009/06/contratos-preliminares-v-3.pdf. Acesso em: 29 nov. 2016.

Dessa forma, remetendo-se novamente ao exemplo dado no primeiro capítulo deste trabalho, conclui-se que em face do comprador que se recusasse a assinar o contrato definitivo – fosse por uma alteração do preço da energia elétrica no mercado ou por discordância de qualquer questão acessória – caberia o pedido de execução específica para obrigá-lo a cumprir a obrigação.

Caso se recusasse, a obrigação de fazer se transformaria em obrigação de dar, ficando o comprador compelido a reparar o prejuízo do vendedor.

Conclusão

A desistência unilateral de contratar após o aceite da proposta representa no mercado livre de energia elétrica um grande prejuízo – não só às partes envolvidas na negociação, mas a toda a estrutura e ao seu funcionamento.

Sabe-se que essas operações envolvem, por sua natureza, um risco. Porém, em um cenário sem rupturas unilaterais dos acordos, esses riscos são calculáveis e cada agente vendedor pode compor seu portfólio de venda conforme seu perfil, de maior ou menor tomador de risco.

A possibilidade de um rompimento unilateral sem ônus por parte do promitente comprador inviabilizaria totalmente a atuação de um vendedor no mercado livre, visto que, enquanto o contrato não estivesse assinado, se o comprador vislumbrasse a possibilidade de adquirir de outro agente o mesmo montante por um valor menor, com certeza o faria.

Também para os compradores os sucessivos inadimplementos das partes vendedoras seriam fatais porque os sujeitariam às variações semanais do preço, adicionando o risco da imprevisibilidade à decisão por migrar ao ACL. Nesse caso, a possibilidade de planejar seus gastos com energia elétrica, que é uma das grandes vantagens na migração, seria anulada.

Pelos argumentos apontados entende-se que a proposta, quando aceita pela outra parte, perfectibiliza o negócio jurídico ali acordado e, ao trazer os requisitos essenciais para a celebração do contrato definitivo, torna-se um contrato preliminar.

Por esse motivo, em face da desistência unilateral de contratar, à parte adimplente é possível exigir de sua contraparte a assinatura do contrato definitivo.

Alternativamente, caso a parte inadimplente se recuse ou caso a assinatura do documento não mais satisfaça seus interesses, a legislação brasileira permite buscar a compensação por perdas e danos verificados.

Percebe-se que as decisões judiciais sobre o assunto não são uniformes, até porque trata-se de um mercado muito novo e poucos magistrados realmente entendem como funciona a dinâmica das contratações nesse ambiente.

Enquanto é possível encontrar decisões alinhadas com o entendimento aqui fundamentado, também é possível encontrar quem entenda a proposta comercial como uma mera cotação, sem qualquer força vinculativa.

Espera-se que com este trabalho seja possível esclarecer a importância do cumprimento das obrigações acordadas pelas partes nas operações de compra e venda de energia elétrica no mercado livre.

Referências

Assis, Araken. **Comentários ao Código Civil Brasileiro** vol. 5. São Paulo: Revista dos Tribunais, 2007. 1.076p.

Cavalieri Filho, Sergio. **Programa de Responsabilidade Civil. 6ª ed.** São Paulo: Ed. Malheiros, 2005. 584p.

Coelho, Carolina Ribeiro. **Energia Elétrica: Contratos e Gestão de Risco.** 2011. 163 folhas. Monografia (LL.M. Direito dos Contratos) – Insper Instituto de Ensino e Pesquisa, São Paulo, 2011.

Costa Júnior, Ademir de Oliveira. A responsabilidade "post factum finitum" no direito civil e do consumidor. **Revista Jus Navigandi**,

Brasil, ano 12, n. 1305, jan. 2007. Disponível em: <http://jus.com.br/artigos/9434>>. Acesso em: 21 nov. 2016.

COSTA, Eduardo Ganymedes. **Noções Gerais de Direito**. Curitiba: IESDE BRASIL S.A., 2008. 260p.

FARO, Alexandre Gereto de Mello. **Ensaio sobre a responsabilidade civil nas negociações preliminares**. 2014. 131 folhas. Monografia (LL.M. Direito dos Contratos) – Insper Instituto de Ensino e Pesquisa, São Paulo, 2013.

KELSEN, Hans. **Teoria pura do direito** [tradução João Baptista Machado] – 6ª ed. São Paulo: Martins Fontes, 1998. 427p.

LIMA, Ricardo Gobbi. **Comercialização de Energia Elétrica – Alguns Conceitos e Princípios** in LANDAU, Elena et al., **Regulação Jurídica do Setor Elétrico**, Rio de Janeiro: Lumen Juris, 2006. 369p.

LÔBO, Paulo. **Direito civil: contratos**. São Paulo: Saraiva, 2011, 448p.

LUCCHESI, Daisy. **Responsabilidade Civil nas Negociações Preliminares ao Contrato** – São Paulo, 2016. 47 folhas. Monografia (LL.M. Direito dos Contratos) – Insper Instituto de Ensino e Pesquisa, São Paulo, 2016.

MAGALHÃES, Gerusa. **Comercialização de Energia Elétrica no Ambiente de Contratação Livre: uma análise regulatório-institucional a partir dos contratos de compra e venda de energia elétrica**. 2009. 139f. Dissertação (Mestrado em Energia) – Programa de Pós-Graduação em Energia da Universidade de São Paulo (Escola Politécnica/Faculdade de Economia, Administração e Contabilidade / Instituto de Eletrotécnica e Energia / Instituto de Física). São Paulo.

OLIVEIRA, Marcelo Leal de Lima. A Aurora na formação dos contratos: a oferta e a aceitação do clássico ao pós-moderno. **Revista dos Tribunais**, Brasil, v. 4, n. 15, jul/set 2003, p. 242-272

PEREIRA, Caio Mario da Silva. **Instituições de Direito Civil**, v. III, 20ª ed., 2016. 584p.

REALE, Miguel. **História do Novo Código Civil**, v. 1. São Paulo: Ed. Revista dos Tribunais, 2005. 272p.

SEIXAS, Renato. **Contratos Preliminares**, v.3. 2003, revista em 2009. Disponível em: https://renatoseixas.files.wordpress.com/2009/06/contratos-preliminares-v-3.pdf. Acesso em: 29 nov. 2016.

SILVA, De Plácido e. **Vocabulário jurídico conciso**. 1 ed. Rio de Janeiro: Ed. Forense, 2010. 773p.

SILVEIRA LOBO, Carlos Augusto. **Contrato Preliminar** *in* TEPEDINO, Gustavo; FACHIN, Luiz Edson (coord.). **O direito e o tempo: embates jurídicos e utopias contemporâneas**. Rio de Janeiro: Ed. Renovar, 2008. p.313-324.

TARTUCE, Flávio. **Direito Civil, v.3: teoria geral dos contratos e contratos em espécie**. 8ª ed. Rio de Janeiro: Ed. Forense, 2013. 728p.

TRIGINELLI, Wania do Carmo de Carvalho. **Conversão de Negócio Jurídico**. Belo Horizonte: Del Rey, 2003. 200p.

VENOSA, Silvio de Salvo. **Direito Civil, vol. II**, 3ª ed. São Paulo: Atlas, 2002. 721p.

VERÇOSA, Haroldo Malheiros Duclerc. **Direito Comercial: teoria geral do contrato**. 2ª ed. rev., atual. e ampl. São Paulo: Editora Revista dos Tribunais, 2014. 558p.

Legislação

BRASIL. **Decreto nº 5.163, de 30 de julho de 2004**. Regulamenta a comercialização de energia elétrica, o processo de outorga de concessões e de autorizações de geração de energia elétrica, e dá outras providências. Palácio do Planalto Presidência da República, Brasília, DF, 30 jul. 2004. Disponível em: <http://www.planalto.gov.br/ccivil_03/_Ato2004-2006/2004/Decreto/D5163.htm>. Acesso em: 30 nov. 2016.

BRASIL. **Lei nº 9.074, de 07 de julho de 1995**. Estabelece normas para outorga e prorrogações das concessões e permissões de serviços públicos e dá outras providências. Palácio do Planalto Presidência da República, Brasília, DF, 07 jul. 1995. Disponível em: <http://www.planalto.gov.br/ccivil_03/leis/L9074cons.htm>. Acesso em: 30 nov. 2016.

BRASIL. **Lei nº 9.427, de 26 de dezembro de 1996**. Institui a Agência Nacional de Energia Elétrica – ANEEL, disciplina o regime das concessões de serviços públicos de energia elétrica e dá outras providências. Palácio do Planalto Presidência da República, Brasília, DF, 26 dez. 1996. Disponível em: <http://www.planalto.gov.br/ccivil_03/leis/L9427cons.htm>. Acesso em: 30 nov. 2016.

BRASIL. **Lei nº 10.406, de 10 de janeiro de 2002**. Institui o Código Civil. Palácio do Planalto Presidência da República, Brasília, DF, 10 jan. 2002. Disponível em: <http://www.planalto.gov.br/ccivil_03/leis/2002/L10406.htm>. Acesso em: 30 nov. 2016.

BRASIL. **Lei nº 13.105, de 16 de março de 2015**. Código de Processo Civil. Palácio do Planalto Presidência da República, Brasília, DF, 16 mar. 2015. Disponível em: <http://www.planalto.gov.br/ccivil_03/leis/2002/L10406.htm>. Acesso em: 30 nov. 2016.

BRASIL. **Resolução ANEEL nº 109/2004**. Institui a Convenção de Comercialização de Energia Elétrica. Agência Nacional de Energia Elétrica.

Disponível em: <http://www2.aneel.gov.br/cedoc/ren2004109.pdf>. Acesso em: 30 nov. 2016.

BRASIL. **Resolução Normativa ANEEL nº 247/2006**. Estabelece as condições para a comercialização de energia elétrica, oriunda de empreendimentos de geração que utilizem fontes primárias incentivadas, com unidade ou conjunto de unidades consumidoras cuja carga seja maior ou igual a 500 kW e dá outras providências. Agência Nacional de Energia Elétrica. Disponível em: <http://www2.aneel.gov.br/cedoc/ren2006247.pdf>. Acesso em: 30 nov. 2016.

Obras Complementares

AZEVEDO, Antonio Junqueira de. **Negócio jurídico: existência, validade e eficácia**. 4ª ed. São Paulo: Ed. Saraiva, 2002. 172p.

HILSENRAD, Artur. **Las obligaciones precontractuales**. Trad. Faustino Menéndez Pidal, Madrid, Góngora. Madrid: Ed. Analecta Editorial, 2006. 219p.

MONTEIRO, Washington de Barros; MALUF, Carlos Alberto Dabus. **Curso de Direito Civil: Direito das Obrigações**. v. 5. 4ª Ed. São Paulo: Saraiva, 2015. 456p.

VENOSA, Silvio de Salvo. **Contratos, período pré-contratual e proposta**. Brasil, 2008. Disponível em: http://www.anoreg.org.br/index.php?option=com_content&view=article&id=10575:imported_10545&catid=54&Itemid=184. Acesso em: 24 nov. 2016.

A Possibilidade de Propositura de Recuperação Judicial do Empresário Rural

THAIS DE ALMEIDA VIEIRA

Introdução

O estudo monográfico tem como pontos principais a discussão da possibilidade do empresário rural se beneficiar do instituto de Recuperação Judicial, bem como compartilhar os entendimentos doutrinários e jurisprudenciais existentes relacionados ao tema para então concluir de forma precisa sobre a aplicação da Lei de Recuperação Judicial e Falência aos produtores rurais, principalmente no que concerne a disposição do artigo 48 da referida norma.

Dessa forma, primordialmente, atenta-se a demonstrar a importância do agronegócio no Brasil, bem como os riscos que podem causar à economia do país caso a crise econômica também afete o agronegócio.

Assim, busca visualizar os princípios balizadores para constituição da Lei de Recuperação Judicial e Falência, que precisamente atenta, a todo plano, à mantença da atividade empresarial para que sejam preservados também o emprego dos trabalhadores bem como a satisfação dos credores, exercendo-se assim a função social da empresa.

Do ponto de vista formal, a lei falimentar basicamente exige o exercício regular da atividade empresarial por mais de dois anos, e assim é preciso fazer um adendo à norma civilista para que se possa compreender como se provaria a regularidade da atividade empresarial, tanto do empresário individual quanto do empresário rural.

Observa-se então que toda a discussão em relação à formalidade que, supostamente, a lei exigiria para o reconhecimento do pedido de recuperação judicial, não passa de falácia e entendimento ultrapassado já que é perfeitamente possível acatar o requerimento de recuperação judicial de empresário rural, desde que atenda aos requisitos necessários e pertinentes para o processamento do feito.

No mais, o não reconhecimento de recuperação judicial de empresário rural por mera formalidade criada pelos doutrinadores, e não por lei, ocasionaria grande reboliço econômico no país, já que o agronegócio é o maior incentivador da economia brasileira.

Partindo do pressuposto de que a Lei 11.101/2005 foi elaborada exatamente com intuito de modernizar o ordenamento falimentar, com tendência à manutenção da empresa, da fonte de produção, dos empregos, é que se busca demonstrar que o aceite à propositura de recuperação judicial do empresário rural é medida que se impõe, em razão da sua grande influência no cenário econômico brasileiro, que também reflete internacionalmente, uma vez que o Brasil é um dos maiores exportadores de produtos agrícolas e pecuários.

1. Agronegócio no Brasil e a crise econômica

Ultimamente, a expansão do agronegócio no Brasil, bem como a sua importância no setor da economia, têm se destacado como manchetes de jornais nacionais e internacionais já que têm segurado com forte potência o PIB brasileiro, impulsionando os demais setores.

Inclusive, o agronegócio é tido, atualmente, como a principal fonte de renda e empregabilidade na sociedade brasileira e mesmo diante do atual cenário econômico no Brasil, que foi afetado pela crise, o agronegócio tem exercido papel crucial para a recuperação econômica do país, já que a produção e circulação de bens e serviços continua aumentado, conforme se observa dos índices levantados pelo CEPEA[1] dos anos de 1994 a 2016, que seguem:

Tabela 1 – PIB da Agropecuária – 1994 A 2016

		AGROPECUÁRIA			
	INSUMO	BÁSICO	INDÚSTRIA	SERVIÇOS	TOTAL
1994	79,78	214,22	300,47	300,26	894,73
1995	77,31	219,55	322,38	301,63	920,87
1996	78,15	211,18	308,21	308,38	905,92
1997	77,08	208,18	309,96	302,70	897,92
1998	81,67	221,16	293,63	306,67	903,12
1999	88,73	220,90	301,59	308,54	919,76
2000	91,42	219,01	304,67	305,56	920,67
2001	95,12	229,08	302,37	310,19	936,75
2002	109,04	256,34	319,96	333,91	1.019,25
2003	122,67	286,65	329,13	347,41	1.085,86
2004	124,37	284,18	345,76	359,30	1.113,60
2005	111,73	256,47	346,21	347,32	1.061,73
2006	108,74	251,00	355,96	350,84	1.066,54
2007	122,86	281,58	371,45	374,82	1.150,71
2008	144,73	322,90	381,25	394,55	1.243,43
2009	128,96	298,39	366,40	377,74	1.171,48
2010	135,13	330,97	390,72	402,97	1.259,80
2011	151,90	370,06	385,35	417,79	1.325,10
2012	151,41	359,55	370,39	405,49	1.286,85
2013	157,48	391,72	382,69	421,69	1.353,58
2014	161,29	408,36	380,70	425,73	1.376,08
2015	164,74	411,75	383,36	427,31	1.387,16
2016	168,70	428,03	389,70	438,29	1.424,73

Fonte: CEPEA, 2016.

---

[1] CEPEA. Piracicaba, SP, 2016. Disponível em: http://www.cepea.esalq.usp.br/br/pib-do-agronegocio-brasileiro.aspx. Acesso em: 29 nov.2016.

Tabela 2 – PIB da Agricultura – 1994 A 2016

AGRICULTURA					
	INSUMO	BÁSICO	INDÚSTRIA	SERVIÇOS	TOTAL
1994	51,09	125,22	254,09	215,02	645,42
1995	48,68	125,26	270,96	212,10	657,01
1996	50,47	124,57	256,39	219,76	651,19
1997	50,32	124,32	260,69	217,08	652,41
1998	52,89	130,83	246,41	216,56	646,70
1999	55,62	124,07	253,63	214,17	647,49
2000	55,05	115,22	256,15	207,89	634,31
2001	58,22	125,05	252,69	210,45	646,41
2002	67,80	147,47	269,45	230,53	715,25
2003	78,09	171,00	279,13	241,75	769,96
2004	78,86	168,03	294,21	251,16	792,26
2005	66,98	142,05	295,73	241,72	746,48
2006	66,15	141,68	307,87	250,43	766,13
2007	75,33	159,05	319,62	264,10	818,09
2008	91,73	185,94	326,92	274,43	879,02
2009	78,99	168,81	317,78	267,00	832,58
2010	82,58	189,41	340,27	286,04	898,31
2011	92,39	215,07	334,29	295,03	936,78
2012	93,11	214,67	323,16	291,29	922,24
2013	93,60	220,30	332,32	294,45	940,67
2014	93,01	221,00	329,14	290,70	933,85
2015	96,54	227,05	332,67	293,73	949,99
2016	99,09	241,86	338,98	304,32	984,25

Fonte: CEPEA, 2016.

Todavia, o setor não está totalmente imune à crise econômica, principalmente o pequeno produtor rural, que tem buscado ultimamente se valer dos benefícios da Lei de Recuperação Judicial e Falência para se reerguer financeiramente, mantendo o fornecimento de produtos e serviços, bem como a empregabilidade.

Porém, muitos pedidos de recuperação judicial, a principio, foram negados por se tratar de matéria nova e não ter nenhum alicerce legal ou doutrinário a auxiliar o processo de recuperação judicial de produtor rural.

Daí surgiu a necessidade de se firmar precedente jurisprudencial e doutrinário, razão a qual o presente estudo se faz pertinente, já que é necessária uma atenção mais acentuada ao agronegócio, por ser esta atividade a principal base da economia brasileira, e, partindo deste pressuposto é que tem que se buscar aplicar o principio da manutenção da empresa de forma mais abrangente possível, para que o setor de agronegócio não perca força para soerguimento do cenário econômico do país.

2. Da lei de recuperação judicial – axiologia da norma

A Lei de Recuperação Judicial e Falências, que recebeu o número de 11.101, foi instituída no ordenamento jurídico brasileiro em 2005, e surgiu por grande influência da Lei norte-americana, mais conhecida como *Chapter 11*, substituindo a antiga Lei de Falências e Concordatas, em razão de esta ter sido ineficaz quanto à superação do falido bem como quanto à satisfação dos credores, conforme exemplifica o doutrinador Lisboa:

> A experiência brasileira das últimas décadas, baseada na concordata como único instrumento de recuperação, revela que mecanismos muito rígidos, sem espaço para a negociação entre devedor e credores, dificilmente tem êxito no seu objetivo de possibilitar à empresa a superação de seus problemas financeiros. Os novos regimes de recuperação judicial e extrajudicial procuram mudar esse cenário, criando mecanismos flexíveis para a busca de soluções de mercado para a empresa.[2]

Conforme se observa do artigo 47 da Lei de Recuperação Judicial e Falência (LRF), essa tem, precipuamente, o objetivo de viabilizar a superação econômica do empresário, mesmo que para isso seja necessário que os credores sacrifiquem um pouco para que também haja a satisfação de seus interesses, ainda que parcialmente:

---

[2] Lisboa, Marcos de Barros. A racionalidade econômica da nova lei de falências e de recuperação de empresas. *In*: Paiva, Luiz Fernando Valente de (Coord.). *Direito falimentar e a nova lei de falências e recuperação de empresas*. São Paulo: QuartierLatin, 2005. p. 42.

Art. 47. A recuperação judicial tem por objetivo viabilizar a superação da situação de crise econômico-financeira do devedor, a fim de permitir a manutenção da fonte produtora, do emprego dos trabalhadores e dos interesses dos credores, promovendo, assim, a preservação da empresa, sua função social e o estímulo à atividade econômica.

Dessa forma, é possível observar que a supramencionada Lei, antes de qualquer formalidade, tem como objetivo primordial a satisfação dos interesses de todos os envolvidos na crise econômica que afetou a empresa recuperanda, preservando também a empresa em recuperação judicial.

Considerando, por fim, que a grande crise econômica que se alastrou no país exige ainda mais eficácia da norma de Recuperação Judicial, tem-se que buscar, precipuamente, o atendimento aos princípios que nortearam a elaboração da norma, quais sejam: função social, preservação da empresa e dos empregos, manutenção da fonte produtora, atenção aos interesses dos credores e estímulo da atividade econômica.

Ainda sobre o mencionado artigo 47 da LRF, importante mencionar Manoel Justino Bezerra Filho:

> (...) o art.47 da nova Lei, que merece ser transcrito, como verdadeira declaração de princípios: (...). Essa declaração de princípios está de acordo exatamente com a preocupação de todos os mestres cujos pensamentos foram acima lembrados. José Cretella Neto (p.3) ressalva que, em pleno século XXI, com a globalização e a integração harmônica de complexos ciclos de produção, a falência deve ser deixada apenas como ultima alternativa para empresas em crise. Necessário agora, antes do inicio do exame da Lei, é tentar verificar se as recomendações foram levadas em conta, se houve efetivamente preocupação com a recuperação da empresa e se os instrumentos criados são hábeis para tal fim. Como adverte

corretamente José Marcelo Martins Proença (p.52), para a correta interpretação desta nova Lei, é de fundamental importância ter sempre à vista os princípios que a norteiam, princípios que são as disposições primeiras que influenciam o entendimento dos artigos como um todo, compondo-lhes o espírito e, ao mesmo tempo, definindo a lógica e a racionalidade do sistema.[3]

Assim, os princípios norteadores da Lei 11.101/05 direcionam a aplicação da lei para um sentido mais amplo, abrangendo os valores da norma, ou seja, busca-se superar o mero normativismo jurídico para que se possa garantir a manutenção das atividades empresárias, não comprometendo assim os empregos e interesses dos credores, conforme lição do doutrinador falimentar Manuel Justino Bezerra Filho:

> A Lei estabelece uma ordem de prioridade nas finalidades que diz perseguir, colocando como primeiro objetivo "a manutenção da fonte produtora", ou seja, a manutenção da atividade empresarial em sua plenitude tanto quanto possível, com o que haverá possibilidade de manter o "emprego dos trabalhadores". Mantida a atividade empresarial e o trabalho dos empregados, será possível então satisfazer o "interesse dos credores"[4]

3. Dos requisitos essenciais exigidos pela Lei de 11.101/05

Conforme se observa do artigo 48 da LRF, para que o empresário possa se beneficiar da Lei de Recuperação Judicial, deve atender aos preceitos dispostos na norma, que seguem[5]:

---

[3] BEZERRA FILHO, Manoel Justino. Lei de Recuperação de Empresas e Falência. Lei 11.101/05 comentada artigo por artigo. 11. ed. São Paulo: Revista dos Tribunais. 2015. p. 65.
[4] BEZERRA FILHO, Manoel Justino. Nova Lei de Recuperação Judicial e Falências Comentada. 3ªed. São Paulo: Revista dos Tribunais. 2005. p. 130/131.
[5] BRASIL. Lei n.11.101 de 09 de fevereiro de 2005. Brasília. **Regula a recuperação judicial, a extrajudicial e a falência do empresário e da**

Art. 48. Poderá requerer recuperação judicial o devedor que, no momento do pedido, exerça regularmente suas atividades há mais de 2 (dois) anos e que atenda aos seguintes requisitos, cumulativamente:

I – não ser falido e, se o foi, estejam declaradas extintas, por sentença transitada em julgado, as responsabilidades daí decorrentes;

II – não ter, há menos de 5 (cinco) anos, obtido concessão de recuperação judicial;

III - não ter, há menos de 5 (cinco) anos, obtido concessão de recuperação judicial com base no plano especial de que trata a Seção V deste Capítulo;

IV – não ter sido condenado ou não ter, como administrador ou sócio controlador, pessoa condenada por qualquer dos crimes previstos nesta Lei.

O caput do referido artigo faz duas exigências para que se aceite o pedido de recuperação judicial, quais sejam: (I) exercício regular da atividade empresarial; (II) há mais de 2 (dois) anos.

Dessa forma, exigindo se a lei o exercício regular da atividade empresarial, tem-se que buscar entender o que pretende a lei com esta afirmação, demonstrando como se daria a regularidade da atividade do empresário.

4. O empresário

O Código Civil, em seu artigo 966, define empresário como aquele que "exerce profissionalmente atividade econômica organizada para a produção ou a circulação de bens ou serviços",[6]

---

sociedade empresária. Disponível em: https://www.planalto.gov.br/ccivil_03/_ato2004-2006/2005/lei/l11101.htm. Acesso em: 28.nov.2016.

[6] BRASIL. Lei n. 10.406 de 10 de janeiro de 2002. Brasília. **Código Civil.** Disponível em: <http://www.planalto.gov.br/ccivil_03/leis/2002/L10406.htm>. Acesso em: 28 nov.2016.

exigindo para tanto a inscrição de empresário no Registro Público de Empresas Mercantis, antes do início de sua atividade.

Ciente de que o Código Civil adotou a teoria da empresa, e analisando o dispositivo legal supramencionado, conclui-se que o Direito consagrou um conceito essencialmente econômico, uma vez que deixou de observar o objeto da empresa em si, mas centrou na exploração da atividade econômica, não se importando com a qualificação do agente pelos seus atos de comércio.

Logo, tem-se que empresário é aquele que explora a atividade econômica, açambarcando todos os agentes econômicos, inclusive os produtores rurais e todos os demais agentes de comércio. Nesse sentido, importante mencionar as palavras da Ministra Nancy Andrighi[7]:

> (...) quem se dedica ao exercício profissional da atividade econômica organizada, ainda que de natureza agrícola ou pecuária, produzindo ou promovendo a circulação de bens ou serviços, deve ser considerado empresário.

Ocorre que, no artigo 967 do Código Civil, o legislador expressamente exige a inscrição do empresário no Registro Público de Empresas Mercantis da respectiva sede antes do início de suas atividades, o que leva a crer que após o registro é que nasce a figura do empresário descrito no artigo 966 do referido texto legal, assegurando-se todos os deveres e benefícios do empresário, dispostos no Direito Comercial.

---

[7] BRASIL. Superior Tribunal de Justiça. Recurso Especial n. 1.193.115 – MT (2010/0083724-4). Recorrente: Orcival Gouveia Guimarães e Outros. Recorrido: Adhemar José Rigo – Espólio. Relatora: Ministra Nancy Andrighi. Brasília, 20 de agosto de 2013.**Voto Nancy Andrighi**. Disponível em: <https://ww2.stj.jus.br/processo/revista/documento/mediado/?componente.=ATC&sequencial=29042095&num_registro=201000837244&data=20131007&tipo=51&formato=PDF>. Acesso em: 20 out. 2016.

Daí é que surgem dúvidas e questões envolvendo os demais agentes do comércio, perguntando-se o registro é também requisito essencial para todos os demais exercentes da atividade econômica.

Nos últimos dias, surgiu grande discussão envolvendo o empresário rural, buscando-se respostas jurisprudenciais e doutrinárias quanto à exigência ou não de registro do produtor rural para que se equipare a empresário e também se certifique dos benefícios do Direito Comercial.

5. Empresário rural e a opção de registro na junta comercial

No entendimento doutrinário, mais precisamente do jurista Fabio Ulhoa Coelho, empresário rural é aquele que exerce

> (...) atividade econômica plantação de vegetais destinadas a alimentos, fonte energética ou matéria-prima (agricultura, reflorestamento), a criação de animais para abate, reprodução, competição ou lazer (pecuária, suinocultura, granja, equinocultura) e o extrativismo vegetal (corte de árvores), animal (caça e pesca) e mineral (mineradoras, garimpo). [8]

Do ponto de vista legal, o Direito entende que o produtor rural necessita de um tratamento específico e favorecido, e, portanto, ameniza as exigências exigidas ao empresário disposto no artigo 966 do Código Civil.

Prova disso é que o artigo 971 da norma civilista dá ao produtor rural a possibilidade de escolha sobre a inscrição na Junta Comercial, todavia, admoesta que caso opte pelo registro ficará o produtor rural equiparado ao empresário sujeito a registro.

---

[8] COELHO, Fábio Ulhoa. Manual de Direito Comercial. 23ª ed. São Paulo: Saraiva, 2011. Pág.37.

Neste sentido, Fábio Ulhoa Coelho certifica que caso o exercente da atividade rural requeira sua inscrição na Junta Comercial, submete-se às normas do Direito Comercial, todavia, caso não opte pelo registro, se submete ao regime do Direito Civil.[9]

Dessa forma, compreende-se que o empresário que exerce a atividade empresarial como sua principal função não está obrigado a registrar-se na Junta Comercial. Já nas palavras da ministra Nanchy Andrighi, a qualidade jurídica do empresário não é conferida pelo empresário, mas pelo efetivo exercício da atividade profissional e, portanto, a natureza jurídica do registro é declaratória e não constitutiva[10].

6. Registro de produtor rural para fins da lei de recuperação judicial

Em razão da possibilidade que a lei civil dá ao produtor rural para que opte pelo registro ou não na Junta Comercial, é que se iniciou uma série de discussões a respeito da exigência legal disposta na Lei de Recuperação Judicial quanto ao exercício regular de atividade empresarial há mais de dois anos.

O primeiro ponto que se deve observar é quanto à definição do que é "exercício regular da atividade empresarial".

Partindo o pressuposto de que pela teoria da empresa conceitua-se empresário como aquele exercente de uma atividade economicamente organizada objetivando a produção ou circulação de bens ou serviços, compreende-se então o que seria

---

[9] COELHO, Fábio Ulhoa. Manual de Direito Comercial. 23ª ed. São Paulo: Saraiva, 2011. p.37 – 38.
[10] BRASIL. Superior Tribunal de Justiça. Recurso Especial n. 1.193.115 – MT (2010/0083724-4). Recorrente: Orcival Gouveia Guimarães e Outros. Recorrido: Adhemar José Rigo – Espólio. Relatora: Ministra Nancy Andrighi. Brasília, 20 de agosto de 2013.Disponível em:https://ww2.stj.jus.br/processo/revista/documento/mediado/?componente=ATC&sequencial=29042095&num_registro=201000837244&data=20131007&tipo=51&formato=PDF.Acesso em: 20.out.2016

exercício da atividade empresarial, ou seja, aquela atividade organizada que tem por fim a produção em funcionamento, circulando-se posteriormente os produtos ou serviços, abastecendo-se assim o mercado.

Entendendo-se a definição de exercício de atividade empresarial, tem que se analisar o segundo ponto importante do caput do artigo 47 da Lei de Recuperação Judicial, ou seja, como se classificaria a regularidade do exercício da atividade empresarial.

Conforme anteriormente informando, o Código Civil exige do empresário o registro na Junta Comercial antes do início de suas atividades. De forma sistemática, o que se observa é que a falta de registro não desconstitui a figura do empresário, mas é essencial para regularidade do "exercício da atividade empresarial".

Todavia, quando a lei civil se posicionou quanto à atividade empresarial rural, não exigiu do produtor rural o registro para exercer suas atividades, enquanto que ao empresário do artigo 966 do Código Civil é necessariamente exigido o registro antes do início de suas atividades.

Importante mencionar e debater a letra da lei quanto ao exercício da atividade do produtor rural:

> Art. 970. A lei assegurará tratamento favorecido, diferenciado e simplificado ao empresário rural e ao pequeno empresário, quanto à inscrição e aos efeitos daí decorrentes.
>
> Art. 971. O empresário, cuja atividade rural constitua sua principal profissão, pode, observadas as formalidades de que tratam o art. 968 e seus parágrafos, requerer inscrição no Registro Público de Empresas Mercantis da respectiva sede, caso em que, depois de inscrito, ficará equiparado, para todos os efeitos, ao empresário sujeito a registro.[11]

---

[11] BRASIL. Lei n.10.406 de 10 de janeiro de 2002. Brasília. **Código Civil**. Disponível em: http://www.planalto.gov.br/ccivil_03/leis/2002/L10406.htm. Acesso em: 28.nov.2016.

Verifica-se que apesar de, precipuamente, existir o regramento legal quanto à obrigação do registro para regularidade da atividade empresarial, há também exceções. Ou seja, mesmo que o empresário rural possa ser comparado ao empresário regular, não se pode exigir do produtor rural o registro na Junta Comercial.

O que se observa é que apesar da regra geral quanto à regularidade formal da atividade empresarial, a lei expressamente dispensa ao produtor rural a sua inscrição no Registro Público de Empresas Mercantis.

Neste sentido, importante, mais uma vez, mencionar o voto da Ministra do Superior Tribunal de Justiça Nancy Andrighi:

> É certo, por um lado, que, em regra, a regularidade de exercício da atividade empresarial é condição que pressupõe, para sua configuração, a efetiva inscrição no Registro Público de Empresas Mercantis. Por outro lado, todavia, há de se considerar, como já mencionado, que a inscrição do empresário rural no Registro de Empresas não é obrigatória, de modo que o exercício de suas atividades não pode ser tido por irregular em virtude, unicamente, da inexistência de registro. Ao lidar com a matéria, deve-se atentar, igualmente, à necessidade imposta pelo art. 970 do CC de se dispensar, no que concerne ao registro e seus efeitos, tratamento diferenciado e simplificado ao empresário rural de modo a facilitar a continuidade e a manutenção de suas atividades. [12]

---

[12] BRASIL. Superior Tribunal de Justiça. Recurso Especial n. 1.193.115 – MT (2010/0083724-4). Recorrente: Orcival Gouveia Guimarães e Outros. Recorrido: Adhemar José Rigo – Espólio. Relatora: Ministra Nancy Andrighi. Brasília, 20 de agosto de 2013.Disponível em: https://ww2.stj.jus.br/processo/revista/documento/mediado/?componente=ATC&sequencial=29042095&num_registro=201000837244&data=20131007&tipo=51&formato=PDF. Acesso em: 20.out.2016.

Dessa forma, a dispensabilidade do registro de atividade empresarial para o produtor rural não implica em atividade irregular caso opte pela não inscrição na Junta Comercial.

Por outro lado, tem-se que observar que para que seja concedido ao produtor rural os benefícios e deveres do empresário, o Código Civil exige o registro na Junta Comercial, para que assim o empresário rural se submeta ao ordenamento do Direito Comercial, conforme anteriormente mencionado e argumentado por Fábio Ulhoa Coelho.[13]

Nesta seara, a doutrina e jurisprudência já estão encaminhadas, com o apoio da maioria dos juristas, para o entendimento de que há sim a necessidade de registro na Junta Comercial das atividades empresariais do produtor rural para que se beneficie da Lei de Recuperação Judicial, todavia, não é necessário que o registro seja realizado dois anos antes do pedido de recuperação judicial, bastando que tenha exercido atividade rural há mais de dois anos.

Isto porque a Lei de Recuperação judicial não exige expressamente a inscrição no Registro Publico de Empresas Mercantis, se pautando apenas a duas exigências: formal, que é o "exercício regular da atividade empresarial" e temporal, "por mais de 2 (dois) anos".

Considerando que a ausência de registro da atividade empresarial rural não implica em atividade irregular do empresário rural, tem-se que o exercício de atividade predominantemente rural por mais de dois anos é o suficiente para tornar o empresário rural como regular.

Todavia, se a lei e a doutrina se posicionam quanto à necessidade de registro do empresário rural apenas no sentido de equipará-lo a empresário para fins de se submeter as normas do Direito Comercial, é que se exige, tão somente, que o pro-

---

[13] COELHO, *Op. cit.* p.37 – 38.

dutor rural se inscreva na Junta Comercial antes de requerer o pedido de Recuperação Judicial. Nesse ponto, valiosa lição de Manoel Justino[14]:

> O melhor entendimento é aquele que aceita a soma dos anos anteriores à inscrição, durante os quais houve comprovadamente a atividade rural de que fala o art. 971 do CC, para que se tenha por completado o período de dois anos. Como anotado no item "1" acima, a razão que impede a concessão de recuperação judicial para empresário com menos de dois anos – ou seja, inabilidade tão acentuada que em tão pouco tempo leve à situação de crise a desaguar no pedido de recuperação – aqui não ocorre. No campo da realidade fática, este empresário rural já preencheu prazo superior a dois anos no exercício da atividade, a qual não sofreu qualquer mudança no mundo real, pois apenas houve mudança na conceituação jurídica da mesma atividade, de civil para empresária, que decorreu da inscrição efetuada. Não haveria, assim, razão para impedir a concessão do pedido de recuperação pelo óbice do art. 48. Insista-se neste ponto que é fundamental para o exame, ou seja, a atividade já estava sendo "regularmente" exercida por prazo superior a dois anos. A inscrição na Junta Comercial não é elemento regularizador da atividade, é apenas elemento de mudança da conceituação da atividade, que era civil e passa a ser empresária.

Apesar das importantes lições da Ministra Nancy Andrighi, o seu entendimento não foi seguido por nenhum outro jurista e doutrinador. Ou seja, é defendido pela ministra que é totalmente dispensável o registro do produtor Rural na Junta

---

[14] BEZERRA FILHO, Manoel Justino. **Lei de Recuperação de Empresas e Falência**. Lei 11.101/05 comentada artigo por artigo. 11. ed. São Paulo: Revista dos Tribunais. 2015. p. 65.

Comercial, ainda que seja para fins de se submeter ao regime da norma de recuperação judicial e falência, conforme menciona:

> Enfim, a despeito da ausência de inscrição dos produtores rurais no Registro Público de Empresas, a hipótese dos autos na medida em que satisfez a maior gama dos interesses envolvidos, realizou todas as circunstâncias que constituem os objetivos da recuperação judicial, instituto voltado, insiste-se, à preservação da empresa, à observância de sua função social e ao estímulo da atividade econômica.[15]

O voto supracitado não foi seguido pelos demais ministros, que seguiram o voto divergente do Ministro Sidnei Beneti, firmando-se assim precedente de que o registro do produtor rural como empresário na junta comercial é requisito essencial para que se admita o processo de recuperação judicial, uma vez que só após o registro é que o empresário rural poderia se submeter às normas comerciais, todavia, não se exige lapso temporal para o registro, sendo ele necessário antes da distribuição do processo de recuperação judicial, seguindo a lógica do precedente do Superior Tribunal de Justiça:

> A jurisprudência, é certo, já dispensou a exigência de comprovação documental, inscrição na Junta Comercial durante todo o período mínimo de dois anos, mas jamais dispensou a exigência legal de comprovação da documental da condição de comerciante,

---

[15] BRASIL. Superior Tribunal de Justiça. Recurso Especial n. 1.193.115 – MT (2010/0083724-4). Recorrente: Orcival Gouveia Guimarães e Outros. Recorrido: Adhemar José Rigo – Espólio. Relatora: Ministra Nancy Andrighi. **Voto parcial da Ministra Nancy Andrighi**. Brasília, 20 de agosto de 2013. Disponível em: <https://ww2.stj.jus.br/processo/revista/documento/mediado/?componente=ATC&sequencial=29042095&num_registro=201000837244&data=20131007&tipo=51&formato=PDF>. Acesso em: 20. out. 2016

documento esse que constitui documento substancial que necessariamente deve vir com a petição inicial ou no prazo de aditamento da inicial (CPC, art. 284). Com efeito, apenas se admitiu, como noticiado em nota do repertório de THEOTÔNIO NEGRÃO, JOSÉ ROBERTO G. GOUVÊA, LUÍS GUILHERME A. BONDIOLO e JOÃO FRANCISCO N. DA FONSECA ("CPC", S. Paulo, Saraiva, 45ª ed., 2013, p. 1523, nota 1ª ao art. 48 da Lei 11.101/2005) que "o requisito 'exercício regular das atividades empresariais há mais de dois anos no momento do pedido de recuperação judicial' não exige inscrição na Junta Comercial por tal período mínimo. Integrando a requerente da recuperação judicial grupo econômico existente há 15 anos, e sendo constituída há menos de dois anos mediante transferência de ativos das empresas do grupo para prosseguir no exercício de atividade já exercida por tais empresas, é de se ter como atendido o pressuposto do biênio mínimo de atividade empresarial no momento do pedido' (JTJ336/644: AI 604.160-4/8-00).[16]

E por fim, lavrou o acórdão com a ementa que segue:

> RECUPERAÇÃO JUDICIAL. COMPROVAÇÃO DA CONDIÇÃO DE EMPRESÁRIO POR MAIS DE 2 ANOS. NECESSIDADE DE JUNTADA DE DOCUMENTO COMPROBATÓRIO DE REGISTRO COMERCIAL. DOCUMENTO SUBSTANCIAL. INSUFICIÊNCIA DA INVOCAÇÃO DE EXERCÍCIO PROFISSIONAL. INSUFICIÊNCIA DE REGISTRO REALIZADO 55

---

[16] BRASIL. Superior Tribunal de Justiça. Recurso Especial n. 1.193.115 – MT (2010/0083724-4). Recorrente: Orcival Gouveia Guimarães e Outros. Recorrido: Adhemar José Rigo – Espólio. Relatora: Ministra Nancy Andrighi. **Voto Ministro Sidnei Beneti**. Brasília, 20 de agosto de 2013. Disponível em: <https://ww2.stj.jus.br/processo/revista/documento/mediado/?componente=ATC&sequencial=30568132&num_registro=201000837244&data=20131007&tipo=3&formato=PDF>. Acesso em: 30. nov. 2016

DIAS APÓS O AJUIZAMENTO. POSSIBILIDADE OU NÃO DE RECUPERAÇÃO DE EMPRESÁRIO RURAL NÃO ENFRENTADA NO JULGAMENTO. 1.- O deferimento da recuperação judicial pressupõe a comprovação documental da qualidade de empresário, mediante a juntada com a petição inicial, ou em prazo concedido nos termos do CPC 284, de certidão de inscrição na Junta Comercial, realizada antes do ingresso do pedido em Juízo, comprovando o exercício das atividades por mais de dois anos, inadmissível a inscrição posterior ao ajuizamento. Não enfrentada, no julgamento, questão relativa às condições de admissibilidade ou não de pedido de recuperação judicial rural. 2.- Recurso Especial improvido quanto ao pleito de recuperação.[17]

7. Comprovação do exercício regular da atividade empresarial

Conforme já mencionado o exercício regular da atividade empresarial para o empresário, descrito no artigo 966 do Código Civil, se comprova com o registro na Junta Comercial.

No que concerne ao empresário rural pessoa jurídica a lei determina meio de prova específico, conforme se observa da disposição do parágrafo segundo do artigo 48 da LRF, ou seja, "por meio da Declaração de Informações Econômico-fiscais da Pessoa Jurídica – DIPJ que tenha sido entregue tempestivamente"[18].

---

[17] BRASIL. Superior Tribunal de Justiça. Recurso Especial n. 1.193.115 – MT (2010/0083724-4). Recorrente: Orcival Gouveia Guimarães e Outros. Recorrido: Adhemar José Rigo – Espólio. Relatora: Ministra Nancy Andrighi. Brasília, 20 de agosto de 2013.Disponível em: <https://ww2.stj.jus.br/processo/revista/documento/mediado/?componente=ATC&sequencial=30748916&num_registro=201000837244&data=20131007&tipo=5&formato=PDF>. Acesso em: 30 nov. 2016.

[18] BRASIL. Lei n.11.101 de 09 de fevereiro de 2005. Brasília. **Regula a recuperação judicial, a extrajudicial e a falência do empresário e da sociedade empresária.** Disponível em: <https://www.planalto.gov.br/ccivil_03/_ato2004-2006/2005/lei/l11101.htm.> Acesso em: 26 nov. 2016.

Por outro lado, a comprovação do exercício regular da atividade empresarial do produtor rural pessoa física se dá por meio de qualquer prova admitida em Direito, entre elas, documentos hábeis a comprovar a figura de produtor rural, como por exemplo, o cadastro de produtor rural, declaração de imposto de renda, notas fiscais de compra de produtos relacionados a atividade rural, ou seja, semente, adubos, insumos, vacinas de gado, etc., contratos rurais, empréstimos rurais, recibo de pagamentos de anuidade de Sindicato de Produtor Rural e etc.

Conclusão

Analisados todos os mecanismos principiológicos da norma falimentar, bem como todos os requisitos formais previstos no ordenamento jurídico, não há como concluir de forma diferente do que a de admitir a propositura de recuperação judicial pelo produtor rural.

Por outro lado, tem se que atentar quanto à obrigatoriedade de registro do empresário rural na Junta Comercial, não exigindo nenhum lapso temporal de registro para que se comprove a atividade regular, uma vez que essa pode ser comprovada por qualquer prova admitida em direito; todavia, o registro deve ser realizado a qualquer tempo antes da distribuição do pedido de recuperação judicial.

Quanto à exigência temporal de dois anos, essa se limita apenas a provar, documentalmente, o exercício de atividade predominantemente rural nos últimos dois anos antes do requerimento de recuperação judicial.

Este é o entendimento majoritário da doutrina e jurisprudência.

Referências

BEZERRA FILHO, Manoel Justino. **Lei de Recuperação de Empresas e Falência**. Lei 11.101/05 comentada artigo por artigo. 11. ed. São Paulo: Revista dos Tribunais. 2015. p. 65.

BEZERRA FILHO, Manoel Justino. **Nova Lei de Recuperação Judicial e Falências Comentada**. 3ªed. São Paulo: Revista dos Tribunais. 2005. p. 130/131.

BRASIL. Superior Tribunal de Justiça. Recurso Especial n. 1.193.115 – MT (2010/0083724-4). Recorrente: Orcival Gouveia Guimarães e Outros. Recorrido: Adhemar José Rigo – Espólio. Relatora: Ministra Nancy Andrighi. **Voto Ministro Sidnei Beneti**. Brasília, 20 de agosto de 2013. Disponível em: <https://ww2.stj.jus.br/processo/revista/documento/mediado/?componente=ATC&sequencial=30568132&num_registro=201000837244&data=20131007&tipo=3&formato=PDF>. Acesso em: 30. nov. 2016

BRASIL. Superior Tribunal de Justiça. Recurso Especial n. 1.193.115 – MT (2010/0083724-4). Recorrente: Orcival Gouveia Guimarães e Outros. Recorrido: Adhemar José Rigo – Espólio. Relatora: Ministra Nancy Andrighi. Brasília, 20 de agosto de 2013.Disponível em: <https://ww2.stj.jus.br/processo/revista/documento/mediado/?componente=ATC&sequencial=30748916&num_registro=201000837244&data=20131007&tipo=5&formato=PDF>. Acesso em: 30 nov. 2016.

BRASIL. Lei n.11.101 de 09 de fevereiro de 2005. Brasília. **Regula a recuperação judicial, a extrajudicial e a falência do empresário e da sociedade empresária.** Disponível em: https://www.planalto.gov.br/ccivil_03/_ato2004-2006/2005/lei/l11101.htm. Acesso em: 28.nov.2016.

BRASIL. Lei n. 10.406 de 10 de janeiro de 2002. Brasília. **Código Civil**. Disponível em: <http://www.planalto.gov.br/ccivil_03/leis/2002/L10406.htm>. Acesso em: 28 nov.2016.

BRASIL. Superior Tribunal de Justiça. Recurso Especial n. 1.193.115 – MT (2010/0083724-4). Recorrente: Orcival Gouveia Guimarães e Outros. Recorrido: Adhemar José Rigo – Espólio. Relatora: Ministra Nancy Andrighi. Brasília, 20 de agosto de 2013.**Voto Nancy Andrighi**. Disponível em: https://ww2.stj.jus.br/processo/revista/documento/mediado/?componente.=ATC&sequencial=29042095&num_registro=201000837244&data=20131007&tipo=51&formato=PDF. Acesso em: 20 out. 2016.

CEPEA. Piracicaba, SP, 2016. Disponível em: http://www.cepea.esalq.usp.br/br/pib-do-agronegocio-brasileiro.aspx. Acesso em: 29 nov.2016.

COELHO, Fábio Ulhoa. Manual de Direito Comercial. 23ª ed. São Paulo: Saraiva, 2011. Pág.37

LISBOA, Marcos de Barros. **A racionalidade econômica da nova lei de falências e de recuperação de empresas**. *In*: PAIVA, Luiz Fernando Valente de (Coord.). *Direito falimentar e a nova lei de falências e recuperação de empresas.* São Paulo: QuartierLatin, 2005. p. 42.

SOBRE OS AUTORES

Alexis Simão Megalomatidis
Advogado formado pela Universidade Presbiteriana Mackenzie (SP), com pós-graduação em Direito Contratual pela PUC-SP e em Direito Empresarial pelo Insper-SP. Como profissional, trabalhou em escritórios renomados e Departamentos Jurídicos de multinacionais. Atualmente, trabalha no Departamento de Compliance de farmacêutica multinacional japonesa.

Aline Silva Gomes
Bacharel em Direito pela Faculdade de Direito de São Bernardo do Campo em 2012. Pós-graduada em LLC em Direito Empresarial pelo Insper em 2016. Advogada na área de direito empresarial, com foco em contencioso e recuperação judicial de empresas, no escritório Galdino, Coelho, Mendes Advogados, desde 2016.

Andrea Pereira
Advogada, formada em Direito pela Universidade Presbiteriana Mackenzie (2012), é pós-graduada em Direito Empresarial pelo Instituto de Ensino e Pesquisa (Insper, 2016). Ela assessora e representa clientes nacionais e internacionais em casos expressivos, envolvendo questões relacionadas às suas áreas de atuação, especialmente nas áreas de direito civil, direito administrativo e público e direito do consumidor.
É membro do Comitê de Contencioso Econômico do Instituto Brasileiro de Estudos de Concorrência, Consumo e Comércio Internacional (IBRAC).

Juliana Dal Sasso Vilela de Andrade
Advogada na COMERC Energia, atua no setor elétrico desde 2013. É graduada em Direito pela Universidade Federal de Santa Catarina – UFSC em 2011, cursou especialização em Direito da Energia pelo Instituto Brasileiro de Direito da Energia – IBDE e especialização em Contratos Típicos e Atípicos pela Fundação Getúlio Vargas – FGV. É pós-graduada em Direito Empresarial pelo Instituto de Ensino e Pesquisa – INSPER.

Thais de Almeida Vieira
Advogada sócia do escritório Vieira e Luz Sociedade de Advogados. Anteriormente, atuou profissionalmente nos escritórios De Vivo, Whitaker e Castro e também Cepeda, Greco e Bandeira de Mello Advogados. Pós graduada em Direito Empresarial pelo Insper-SP, possuindo também cursos profissionalizantes na área de Compliance pelo Insper-SP e Tributação dê Agronegócio pela FGV-SP.

ÍNDICE

APRESENTAÇÃO	5
PREFÁCIO	9
SUMÁRIO	11

Domínio do Fato: a Suposta Extensão do Conceito de Autor
  Alexis Simão Megalomatidis — 13

Enquadramento das Sociedades de Propósito Específico (SPE) com patrimônio de afetação na recuperação judicial de incorporadora imobiliária
  Aline da Silva Gomes — 41

A Estabilização da Tutela Antecipada Pré-arbitral
  Andrea Pereira — 75

Responsabilidade Civil Contratual pela Desistência Unilateral de Celebrar o Contrato Definitivo após o Aceite da Proposta de Compra e Venda de Energia Elétrica no Ambiente de Contratação Livre – ACL
  Juliana Dal Sasso Vilela de Andrade — 105

A Possibilidade de Propositura de Recuperação Judicial do Empresário Rural
  Thais de Almeida Vieira — 139

SOBRE OS AUTORES — 161

77,00